本书受湖北文理学院教师科研能力培育基金项目（2016SK014)和2017年教育部人文社科项目"互联网金融中投资者适当性制度研究"（17YJC820064）资金支持

投资者适当性制度研究

TOUZIZHE SHIDANGXING ZHIDU YANJIU

翟艳 著

图书在版编目（CIP）数据

投资者适当性制度研究 / 翟艳著 .—北京：中央编译出版社，2018.1
ISBN 978-7-5117-3240-8

Ⅰ．①投⋯
Ⅱ．①翟⋯
Ⅲ．①投资 – 金融法 – 研究 – 中国
Ⅳ．① D922.280.4

中国版本图书馆 CIP 数据核字（2017）第 010458 号

投资者适当性制度研究

作　　者：	翟　艳
出版统筹：	贾宇琰
责任编辑：	曲建文
执行编辑：	程　彤
责任印制：	刘　慧
出版发行：	中央编译出版社
地　　址：	北京西城区车公庄大街乙 5 号鸿儒大厦 B 座（100044）
电　　话：	（010）52612345（总编室）　（010）52612370（编辑室）
	（010）52612316（发行部）　（010）52612346（馆配部）
传　　真：	（010）66515838
经　　销：	全国新华书店
印　　刷：	北京市金星印务有限公司
开　　本：	710 毫米 ×1000 毫米　1/16
字　　数：	117 千字
印　　张：	9
版　　次：	2018 年 1 月第 1 版
印　　次：	2018 年 1 月第 1 次印刷
定　　价：	34.00 元

网　　址：	www.cctphome.com　　邮　箱：cctp@cctphome.com
新浪微博：	@ 中央编译出版社　　微　信：中央编译出版社（ID：cctphome）
淘宝店铺：	中央编译出版社直销店（http://shop108367160.taobao.com）　（010）52612349

本社常年法律顾问：北京市吴栾赵阎律师事务所律师　闫军　梁勤
凡有印装质量问题，本社负责调换，电话：（010）55626985

目录

导　言 …………………………………………………… 1

第一章　投资者适当性制度概念和理论基础 …………… 1
　一、投资者适当性制度基本概念的界定 ………………… 1
　二、投资者适当性制度理论基础 ………………………… 12
　三、投资者适当性制度现实需求 ………………………… 19

第二章　投资者适当性制度的基本法律关系类型与立法模式
　…………………………………………………………… 24
　一、金融机构与投资者之间法律关系类型 ……………… 24
　二、金融机构与自律监管组织法律关系类型分析 ……… 33
　三、金融机构与金融监管机构的法律关系 ……………… 36
　四、投资者适当性义务法制化的两种模式 ……………… 38

第三章　适当性义务与权利 …………………………… 45
　一、金融机构的适当性义务 ……………………………… 45
　二、投资者的权利和义务 ………………………………… 61
　三、自律组织监管权 ……………………………………… 64

— 1 —

四、金融监管机构监管权 ………………………………… 66

第四章 违反适当性义务的法律责任 ……………………… 69
　　一、违反适当性义务法律责任的形式和内容 …………… 69
　　二、投资者适当性中投资者权利救济机制 ……………… 76

第五章 我国投资者适当性制度的构建 …………………… 87
　　一、投资者适当性制度的立法现状 ……………………… 87
　　二、投资者适当性制度的实施现状 ……………………… 99
　　三、对我国投资者适当性制度的完善 …………………… 105

　　参考文献 ………………………………………………… 117

DAOYAN ▶▶▶▶
导　言

　　在旺盛的投融资需求和金融产品短缺之间矛盾日益突出的情况下，党的十八届三中全会决定中明确提出需进一步完善金融市场体系，鼓励创新，丰富金融市场层次和产品。① 金融市场创新的同时，也会出现各类新的问题，给市场带来更大风险。随着金融产品的专业性、复杂性和风险性愈来愈高，金融机构与投资者在产品信息掌握、对金融产品的了解程度和金融市场专业知识等方面处于明显不平等的地位，投资者在做出投资选择时，会更加依赖和听信金融机构的建议。而近年来，因金融机构不当销售行为引起的纠纷，在中国屡见不鲜。2008年，中国集中爆发银行理财产品"零收益"事件；2009年，汇丰银行推介的KODA合约产品使得内地多位千万富翁瞬间变为负翁；2013年，湖南金证投资咨询顾问有限公司向客户马女士推荐金融产品，导致年过70岁的马女士亏损十余万，等等。证券业为构建多层次市场，不断推出新的金融产品，如金融期货、创业板，等等。伴随金融产品创新，不良券商为追求营利不顾投资者的需求和经济情况，销售或推荐各种金融创新产品，往往给投资者带来损害。这种不良销售会使投资者承担不能负担的风险，一旦风险集中于某一领域并爆发时，往往会引起金融市场危机。美国次贷危机、2008年的雷曼迷你债事件，归根到底都因金融机构不适当销售行为而引发。为防止金融机构追逐营利，利用两者之间这种天然的失衡关系，不顾投资者个体需求和风险承受能力，肆意销售现象的频现，监管者要求相关金融机构承担适当性义务。投资者适当性制度可规范金融机构向投资者推荐和销售金融产品的行为。

　　投资者适当性制度肇始于美国。金融危机后，大家反思引起金融危机的原

---

① 尚福林：《把握好金融创新与金融稳定的平衡》，《求是》2014年第8期。

因时，发现金融机构不适当销售行为是引起危机的导火索，而传统证券法领域中的投资者适当性制度可以解决和预防此类行为的发生。

国外对于投资者适当性制度内涵的认识较为一致。诺罗·S.波塞尔教授认为投资者适当性制度是要求经纪商能够依照职能向投资者推荐适合的证券。[1] 罗斯和塞利格曼教授认为适当性制度的基本内涵是推荐适合特定客户要求的证券，也是经纪商的基本义务。[2] 国际证监会组织（IOSCO）的《复杂金融产品销售适当性顾问报告》将适当性定义为"金融产品销售过程中，金融中介机构应遵守的一种标准或要求。这一标准或要求用于评估中介机构所销售或推荐的产品是否符合投资者的财务状况和需求"。关于投资者适当性制度产生的理论基础。Loss 认为投资者适当性制度源于代理理论，顾客与券商之间是一种代理关系，适当性义务是券商销售或推荐金融产品时负有信托义务，而不适当推荐行为就可能违反这种义务。[3] 黛博拉认为其源于普通法中的信义义务。[4] 罗伯特·S.卡梅尔认为招牌理论（shingle theory）是适当性原则的理论基础。[5] 罗伯特·H.曼海姆认为某些情况下券商与顾客关系的具体性质、券商对顾客财务状况的了解都可以产生适当性义务，即使券商没有推荐金融产品。[6]

适当性制度理论基础从代理理论、诚信原则到信义义务和招牌理论，折射出其从商业交易道德需求到政府监管要求的发展演变。适当性制度要求金融机构从事金融产品销售业务或相关服务时，能够诚信地对待投资者，针对不同投资目的和风险承受能力的投资者，向其推荐和销售与特定个体相适应的金融产品或服务，从而达到保护投资者利益的目的。通过法规和行业自律规则制定、自律、行政监管金融机构义务的履行，政府对投资者进行倾斜性保护，实现金融商品交易的实质正义。

路易斯·D.罗恩菲尔和艾伦·R.布朗伯格教授认为适当性义务是经纪商的

---

[1] Norman S.Poser, "Liability of Broker-Dealers for Unsuitable Recommendation to Institutional Investors", *Brigham Young University Law Review*, 2001.pp.1493.

[2] Loss & Seligman, "Fundamentals of Securities Regulation", *Aspen Law Business*, 2004, pp.1597.

[3] Louis Loss, "The SEC and the Broker-Dealer". *Vanderbilt Law Review*, 1948 (1).p.516.

[4] Deborah A.DeMott & Beyond Metaphor, *An Analysis of Fiduciary Obligation*, Duke L.J.1988. pp.879.

[5] Roberta S.Karmel, "Is the Shingle Theory Dead?", *Washington and Lee Law Review*, Volume 52.1995.p.1271.

[6] Robert H.Mundheim, "Professional Responsibilities of Broker-Dealers: The Suitability Doctrine", *Duke Law Journal*, 1965 (3), p.450.

义务。其要求经纪商推荐与某一特定投资者的投资目标及个性化需求相匹配的金融产品。适当性义务有两层含义：一是"顾客个性化"或"了解你的顾客"义务（customer-specific or know your customer），关注的是金融机构应了解投资者的投资目标、需求及特定投资者的其他情况；二是"合理基础"或"了解证券"义务（reasonable basis or know your security），关注的是金融机构应了解所推荐的证券特性。"顾客个性化"适当性义务要求券商承担向顾客推荐那些与顾客的财务状况、税收状况、投资目标、成熟度等个人情况相适合的证券义务。① 约瑟·A.格朗菲斯特教授认为，券商在知道或应当知道一个没有经验的不成熟顾客购买的证券不适当性，即便该证券并非券商推荐，在执行交易前也应当负有警告顾客的义务。②

关于违反适当性要求责任的认定标准这一问题，诺曼·S.波塞尔教授提出误导性陈述—疏漏理论（misstatement-omission theory），是指经纪商在向客户销售或推荐证券时，对有关该金融产品的重大事实有疏漏或者误导性陈述，而与之同时，投资者对于经纪商存在正当的信赖。此时，所推荐不适当证券的行为构成对于适当性义务的违反，应当对投资者承担赔偿责任。③ 罗斯教授提出欺诈行为理论（fraudulent conduct theory）。经纪商对适当性义务的违反，实际上就是一种欺骗性的行为。④ 经纪商故意将不适合投资者的证券推荐或销售给投资者，或是因疏忽而未履行适当性义务就是一种欺骗。

境外学者对投资者适当性制度研究比较多，尤其是美国。投资者适当性规则最早出现在美国行业自律组织规范中。在理论研究中，美国学者提出投资者适当性的三个理论基础，即代理理论、特殊情况理论（信义义务理论）、招牌理论。在诉讼和非诉的相关案件中，美国学者对适当性制度的研究进一步深入：一方面针对反欺诈案件的司法审判研究，主要研究的问题是投资者诉权依据和金融机构违反适当性义务民事责任的认定；另一方面针对仲裁案件的研究，研究的主要问题是适当性制度的适用范围和追责依据。英国、日本以及中国台湾、香港地区都有投资者适当性规则，并有较为完善的救济机制。英国的金融申诉专员服务是一种专业、高效的解决金融投资纠纷的非诉解决机制。

---

① Lewis D. Lowenfels & Alan R. Bromberg, "Suitability in Securities Transactions", *Business Law*. Vol.54, No.4, 1999.p.1558.

② Joseph A. Grundfest, "*Just Vote No: Strategies for Dealing with Barbarians Inside the Gates*", 45 Stanford L.Rev, 1993.p.857.

③ Norman S. Poser, "Liability of Broker-Dealers for Unsuitable Recommendation to Institutional Investors", *Brigham Young University Law Review*, 2001.p.1493.

④ Louis Loss, "*The SEC and the Broker-Dealer*". Vander bilt Law Review, 1948 (1).p.517.

2005年，中国银监会首先在对商业银行理财业务监管中制定了适当性规则。2007年，银监会在信托公司受托境外理财业务中也制定了适当性规则，但仅制定了单条原则性规定。2009年始，中国陆续在创业板、股指期货、融资融券、资产管理业务、基金销售、理财业务和投资顾问业务领域制定了金融机构适当性义务规定。但由于急于先行，导致现行的适当性义务规定立法层次低且分散，不同市场的义务规则内容又相互重合，而义务内容过于概括，缺乏可操作性；在金融监管层面，责任追究机制的空缺，导致这一义务在金融机构的操纵下轻易地实现规避，风险提示的过程也只是走过场而未得到应有的重视。基于此，在鼓励金融创新和依法治市的背景下，投资者适当性制度的研究具有重要的理论和实践价值。

第一章
投资者适当性制度概念和理论基础

一. 投资者适当性制度基本概念的界定

（一）金融产品的法律界定

一直以来金融产品的概念并未统一，尤其在不同独立学科中均有差异。经济学中常会将其定义为资金融通过程的各种载体，或者说是金融市场买卖的对象。其范围很广，包括货币、外汇、黄金、债券、股票和金融服务。[①] 法学对金融产品的定义为彰显一种契约关系和对未来收益请求权的无形资产。[②] 因为每个金融产品是一系列具体规定和约定的组合。不同金融产品有着不同规定和

[①] 黄达将金融产品定义为资本融通的工具，也称为金融资产。参见黄达：《金融学》，北京，中国人民大学出版社，2003年版第182—183页；张宁基于认购者目的将其定义为旨在使货币资金获得保值、增值的非实物和货币资金投放渠道。包括居民储蓄、各类存款、债券、股票、投资基金、保险、期货、期权、外汇及其他金融衍生产品等大类。参见张宁：《试论金融产品的质量》，载《中国质量》，1999年第6期，第34页；谭建国认为其为金融机构创造，并可供金融市场交易以及资金需求者与投资者进行选择的各种金融工具。参见谭建国：载《金融产品虚拟度的模糊综合评判研究商业研究》，2004年第8期，第63页。

[②] 参见李红权、陈攀：《金融危机反思及金融产品消费者保护》，载《财经科学》，2012年第1期；20；王宗润：《金融产品创新的路径分析》，长沙，湖南人民出版社，2008年，第24、34页；王文宇主编：《金融法》，台湾，元照出版有限公司，2008年版第25页。

约定。不同规定与约定又围绕着不同权利与义务。如股票，每股股票都代表股东对企业拥有一个基本单位的所有权。发行者通过出售股票获得融资，同样承担一定义务。为了保证这些义务的履行，股票发行者在发行时要符合一定条件，在发行后要接受金融管理机构和投资者的监督（如信息公开、业务活动的某些限制等）。同样认购者认购后享有收取股息或分享红利差价、参与公司的重大决策等权利；股指期货是交易双方以相应时期股价指数为标的物的标准化期货合约。双方买卖未来某一特定期限的股市指数价格水平，通过现金结算差价来进行交割。

　　伴随着科技和社会的发展，为了适应经济的发展和防范风险的需要，传统金融产品日趋复杂，也就是金融创新。金融创新这一概念由奥地利经济学家约瑟夫·熊彼特（Joseph Alois Schumpeter）的"创新"观点衍生而来[①]，包括三个层面的含义：宏观方面金融创新与金融市场发展相伴而生；中观层面是指金融当局与金融机构顺应经济导向、政策导向、环境导向转变金融中介效用及功能和适应金融发展路程中市场内部矛盾的运动，有效预防或转嫁经营风险和成本降低，为实现市场流动性、稳定性、盈利性目标而谛造和组合新的高效资金营运体系或方式的过程。其包括技术创新、产品创新和制度创新；微观创新指金融工具的创新。[②] 各国和国际组织在相关立法中对金融产品范围做了解释。如日本《金融商品销售法》中规定，金融商品包括与存款有关的产品、有价证券、保险和信托产品、集合投资产品、金融衍生产品等。欧盟《金融工具市场指令》（MIFID）中规定，金融商品包括货币市场工具、可转让证券、集合投资计划单位以及金融衍生品。投资者适当性制度是保护投资者利益的制度，在金融创新过程中应市场需求而生。在投资者适当性制度中，金融机构推荐或销售的金融产品应为复杂或风险性金融产品。国际证监会组织（IOSCO）

---

① 1912年，熊彼特在其成名作《经济发展理论》中提出创新是指新的生产函数的建立，也就是企业家对企业要素实行新的组合。这种新组合包括5种情况：（1）采用一种新产品或一种产品的新特征；（2）采用一种新的生产方法；（3）开辟一个新市场；（4）掠取或控制原材料或半制成品的一种新的供应来源；（5）实现任何一种工业的新的组织。参见约瑟夫·熊彼特：经济发展理论 [M]，北京，北京出版社，2008年，第24页。

② 技术创新是指制造新产品时，采用新的生产要素或重新组合要素、生产方法、管理系统的过程。产品创新是指产品的供给方生产比传统产品性能更好、质量更优的新产品的过程。制度创新则是指一个系统的形成和功能发生了变化。而使系统效率有所提高的过程。从这个层面上的金融创新概念不仅把研究的时间限制在60年代以后，而且研究对象也有明确的内涵，因此，大多数关于金融创新理论的研究均采用此概念。参见百度百科，http://baike.baidu.com/view/278480.htm.

在《关于销售复杂金融产品的适当性要求》将复杂金融产品解释为含义和特征很难被普通零售客户理解的金融产品。该项报告是因金融危机对各成员国适当性管理制度进行调查后所做的报告。因此,在报告中虽定义为复杂金融产品,但又扩大解释为:"在有些市场中,适当性要求因涉及复杂金融产品交易,而应订约方的要求有所改变。"① 2008 年巴塞尔联合论坛发布的《与金融商品及服务零售业务有关的客户适合性问题》报告中对投资性金融商品(investment product)的内涵与外延做了界定。此类金融产品是投资者为了获得利润(包括利息、股息或货币升值)的某项资产。具体包括除普通的银行存款商品外的传统金融商品(股票、债券、共同基金、年金、人身保险商品等),还包括更加复杂的金融商品(期权、对冲基金、变额保险商品等),以及具有投资性质的银行存款(结构性存款)。此外,投资性金融商品的销售也包括与投资性金融商品相关的投资服务。中国《证券公司投资者适当性制度指引》第十五条第二款规定金融产品为复杂或高风险金融产品②,例如:金融衍生产品、结构化产品、信贷挂钩票据、股票挂钩票据、合成金融工具、资产支持证券、住房抵押贷款支持证券、债务抵押证券、其他复杂或高风险金融产品。③综上所述,本文认为投资者适当性制度中所指的金融产品系投资性金融商品,指可能发生本金损失或超出本金损失的复杂或风险性金融商品及与其相关的投资服务,包括证券、信托产品、银行理财产品、投资性银行存款产品(如外汇存款)、金融衍生产品以及投资性保险产品(如投资连结保险)等金融商品。此类金融产品具有以下几个特点。

(1)复杂性

资产定价理论的演绎基础是投资者是完全理性的。这一假设要求投资者在获得充分信息时还需具有足够的计算能力。也就是说如果投资者想做出一个合理的投资决策,首先要充分掌握信息,再是有相应专业计算分析能力。现代金融服务业提供的复杂金融产品往往是具有组成复杂、功能复杂和行为复杂特性的非实体产品。投资者要全面了解复杂性金融产品,除具备所需的专业知识外,还需掌握与产品相关的信息。而大部分投资者相对于金融机构间专业知识

---

① 《关于销售复杂金融产品的适当性要求》,中国证券投资基金业协会网站,[2015-4-17].http://www.amac.org.cn/upload/qqsy/gjxgflfg/1357643577305.pdf.
② 《证券公司投资者适当性制度指引》第 15 条第 2 款规定:复杂或高风险金融产品,是指产品的条款和特征不易被客户理解、具有复杂的结构、不易估值、流动性较低、透明度较低、损失可能超过购买支出等金融产品。
③ 《证券公司投资者适当性制度指引》附件 9 中列举了复杂或高风险金融产品清单。

总是不足的。再则，金融机构进行金融创新的动因之一是为避开监管。金融产品复杂化是他们达到这一目的的手段。卖家作为资产创设者利用产品复杂化，可拥有不对称信息的优势。产品创设者通过一系列风险的分割重组，导致信息的损失，使得投资者难以理解基础资产的价值和风险。即便投资者理解了基础资产的信息，或因信息缺乏，也难看清证券化链条外的其他相关环节，无法确认投资风险之处及规模。因此，不论是初涉市场的个体投资者，还是经验丰富的机构投资者，甚至是资深的金融分析师，在面对复杂金融产品时都不具备完备的信息能力，很难精准地把握和判断与投资相关的有价值信息。① 此外，金融产品的复杂性可能造成其信用评级不准。现代证券日趋复杂化，信用评级降低了普通投资者处理复杂性的能力要求，产品评级结果也成为投资者购买的重要依据。但评级市场的内在缺陷使得越复杂的资产就越容易产生评级膨胀。② 新金融资产产品自身存在着复杂性，所以其评级结果较之已有长历史记录的简单资产来说，差异更大。而评级市场是一个寡头市场，新金融产品发行者可从多个评级机构处进行评级购买，在诸多评级结果中选择最有利于自己的结果向外发布，致使新金融产品得以最高价格实现评级膨胀，导致资产整体价格上升。③ 金融产品评级不准确，投资者更加难以掌握产品的风险和特征，进而导致投资错误决策。

（2）高风险

风险表现为一种事态发生与否的不确定性，包括事态是否发生以及发生后对对象产生的经济和精神损害。从认知学上讲，人类主观认识和客观存在之间的差异性决定了风险的损害发生与否和损害的程度。金融产品复杂性无疑给人们对产品的主观认识造成障碍，而其专业性知识的要求又给投资者正确判断风险、理性投资增加了难度。金融产品的风险具体是在一定条件下特定时期内，实际结果与购买者预期结果的差异程度。例如，在中国金融产品中理财产品按风险等级通常可分为谨慎型、稳健型、平衡型、进取型和激进型五个级别。贷款风险分类可分为正常、关注、次级、可疑和损失五个级别。金融产品皆有风险，即便是最初评级或买卖双方均认为风险较低的产品，都可能受到市场波动

---

① 胡梅：《基于行为金融理论之我国个体投资者投资行为研究》，大连：《东北财经大学》，2007年版第49页。
② 中国人民银行驻美洲代表处：《美国次贷风暴中评级机构的问题和启示》，《中国金融》，2007年版第19页。
③ 王辉：《金融创新、复杂性与金融市场不稳定》，载《现代管理科学》，2012年版第3期。

和政策法规变化等风险因素的影响。从实际结果与购买者预期结果的差异程度层面理解，金融产品包括保本型、本金损失或超出本金损失型。这里高风险指的就是后两种情况。当金融产品加上杠杆交易，风险就将翻倍，风险不仅会造成投资者血本无归甚至负债，还会引起金融系统动荡。2007年爆发的美国次贷危机（subprime crisis）就是因投资银行为了赚取暴利，采用20—30倍杠杆交易引发的。在金融机构的不当销售行为中，最为普遍的现象就是金融机构为获取佣金或利润，将高风险金融产品推荐给无法承担相应风险的投资者。

（3）扩张性

金融产品的复杂性加大了风险在金融市场的溢出和传染效应，更易引发系统性风险。复杂金融产品的特性主要表现在风险的复杂性上。其设计包括需求分析、概要设计、详细设计和售前、售中、售后的服务以及产品终止等阶段。预测产品的风险和全面可行性分析是在复杂金融产品设计阶段的两个关键性活动。产品风险来自于两个方面，产品和服务本身包含的风险和控制、转移风险的方法。对产品风险的分析：一是从金融产品（服务）的风险需要出发，对产品交易双方进行分析，包含产品服务本身的风险；二是如何控制和转移风险，包含控制和转移风险的方法。在销售和售后服务阶段，对金融产品进行风险评估和控制是金融机构的主要工作内容，即风险控制和管理。这样可以保证金融产品在存在周期内满足客户的需要，乃至延长使用。金融机构内部风险控制会依照既成事实为参考或经验行为数据，建立新的监督管理模型，或调整原有管理模型进行，以达到实现控制的目的。复杂的金融产品，尤其是新衍生的产品种类的设计产生，对于金融机构无论从产品设计到销售后的控制都是一种尝试，加上本身信息地位优势，其道德风险再所难免。而行业协会和政府的监管往往相对滞后。尤其在崇尚"自由主义"的市场经济国家，这种市场缺陷更易显现和爆发。

现代金融市场是由个体金融企业和市场相互交织构成的复杂网络。在这个市场中，个体与个体相互关联和作用。一个个体金融企业的违约会引起金融网络发生联动效应。产品复杂性会导致风险放大性急剧增加。对于某一金融机构来说，每个与其间接相关的金融机构都会受到冲击，这种冲击甚至可能波及自身。这时，金融机构面临更加复杂的金融市场环境。潜在的资产买家由于在进行决策时需要理解更多相互关联的网络，而不愿被卷入价格波动的风险中而不愿购买[1]，市场流动性消失，金融危机随之产生。从根本上说复杂性金融产品

---

[1] 王辉：《金融创新、复杂性与金融市场不稳定》，载《现代管理科学》，2012年第3期。

扩张性的体现为：复杂性—高风险—流动性差—金融危机。

正是基于金融产品复杂性、高风险和风险扩张性的特点，投资者想要自行获得准确产品信息更难，而且此类产品的不当销售行为极易引发群发事件，造成相关金融市场不稳定，甚至扩大演化为金融危机。在此类金融产品销售和推荐中，需要预防道德风险，施加金融机构承担适当性义务，保障产品的适当性销售。

（二）投资者的法律内涵

2010年后我国学术界开始热议金融消费者保护问题①，金融消费者与投资者的界定成为金融消费者利益保护讨论的问题之一。金融消费者是专属于金融领域的消费者，是为满足个人和家庭需要，购买金融产品或接受金融服务的单位或公民个人。② 理论界和实务界将两者进行区别的目的也是为了保护金融消费者。现有研究主要有三种观点：一是认为两者是并列关系。持此观点的学者主要理由是金融消费者和投资者的交易行为是有区别的，前者是基本金融需要，后者是投资性目的。③ 其客观行为表现在银行、证券、保险等金融市场业务传统界限分化中。实务立法中，投资者指将资金投入证券市场，承担风险享有收益的机构和个人。在银行业和保险业往往将交易对象界定为金融消费者；美国1999年的《金融服务现代化法案》将金融消费者定义为个人、家庭目的而从金融机构购买金融产品或服务的个人或其法定代表人。该法案进一步区别了金融消费者（consumer）和客户（customer）。客户是拥有与金融机构客户关系的消费者。④ 两者重要区别在于客户与金融机构之间的法律关系一定正在持

---

① 孙当如：《金融消费者概念在我国提出的适宜性分析》，载《湖北警官学院学报》，2013年第3期。
② 叶林：《金融消费者的独特内涵——法律和政策的多重选择》，载《河南大学学报》（社会科学版），2012年第9期。
③ 周浩昊：《金融消费者概念辨析学》，载《东方企业文化》，2010年第4期。
④ Definition: A "consumer" is an individual who obtains or has obtained a financial product or service from a financial institution that is to be used primarily for personal, family, or household purposes, or that individual's legal representative; Definition: A "customer" is a consumer who has a "customer relationship" with a financial institution. A "customer relationship" is a continuing relationship with a consumer. 见 15 U.S.Code § 6809，康奈尔法学院网站。[2015-5-11]，https://www.law.cornell.edu/uscode/text/15/6809。

续中，或者说客户是具有受 GLB Act（Gramm-Leach-Bliley Act）[①] 保护隐私权的消费者。法案中从经济管理角度强调了商业关系的持续性，对客户和消费者进行区分。在中国并没有过多强调客户与消费者的区别，两者有时是同义的。如 2006 年 12 月银监会颁布的《商业银行金融创新指引》第四章专章规定客户利益保护规则，其实质是保护金融消费者利益规则。2011 年 10 月 14 日，保监会成立保险消费者权益保护局，成为金融监管部门第一个消费者保护机构。同年，证监会成立投资者保护局。2012 年，央行和银监会成立金融消费者保护局。从机构名称可以看出，中国属于分业监管，以行业交易对象进行不同的区分，并未区分个人和法人。另一种观点认为金融消费者包含投资者这一概念。如杜晶认为金融投资者是具有专业知识和相当经济风险承受能力、购买或接受某些高风险性的金融商品或服务的金融消费者。[②] 伊志宏认为消费者放弃现在的消费转为资产的过程就是投资决策过程，其目的就是消费。[③] 于学伟、刘鑫认为投资者也具有消费的本性，资本市场投资者和非资本市场投资者都应纳入金融消费者范畴。[④] 杨东从金融学角度对金融消费者进行了界定——从金融机构购买金融商品或服务的自然人、法人或其他组织。[⑤] 2000 年，英国颁布的《金融服务和市场法案》和日本制定的《金融商品销售法》都不再按行业划分消费者和投资者，将投资者纳入金融消费者进行保护。第三种观点认为两者处于交叉关系，即两者有交集，但仍有部分投资者不属于金融消费者。如郭丹认为金融消费者包括自然人投资者，而未纳入机构投资者。[⑥] 张璐认为个人与金融机构作为交易对手，处于弱势，理应受到消费者的保护。[⑦] 王振栋主张在对参与金融活动的个体自然人进行区分时，应以"资信授予"作为金融消费者

[①] 格雷姆—里奇—比利雷法（Gramm-Leach-Bliley Act，GLB Act），也就是 1999 年的金融现代化法案，是在美国颁布的一项联邦法律，它规定了金融机构处理个人私密信息的方式.
[②] 参见杜晶：《"金融消费者"的界定及与金融投资者的关系》，载《中国青年政治学院学报》，2013 年第 4 期。
[③] 参见伊志宏：《消费经济学》，北京《中国人民大学出版社》，2000 年版第 240 页。
[④] 参见于学伟，刘鑫：《我国金融消费者法律界定的国外立法借鉴》，载《中国外资》，2011 年版第 1 期。
[⑤] 参见杨东：《论金融消费者概念界定》，载《法学家》，2014 年第 5 期。
[⑥] 参见郭丹：《金融消费者之法律界定》，载《学术交流》，2008 年第 2 期。
[⑦] 参见张璐：《刍议个人金融服务的消费者权益保护》，《甘肃行政学院学报》，2004 年版第 2 期。

与投资者的客观标准。① 于春敏认为凡是购买高风险,尤其是有市场准入门槛的金融产品者不能纳入投资者范畴。② 境外也有相应立法运用。我国台湾地区于2011年出台的《金融消费者保护法》将金融消费者定义为接受金融服务业提供金融商品或服务者③,除了专业投资机构和符合一定财力或专业能力之自然人或法人。其中金融服务业包括银行业、证券业、保险业、期货业、电子票证业及其他经主管机关公告之金融服务业。④

随着资产证券化程度越来越高,不仅是机构投资者,很多家庭也购买股票、基金等金融产品。他们投资的直接目的虽为获取资产保值升值的利益,但最终目的还是用于整个家庭的生活消费。⑤ 我们应抛弃行业对象标度,以消费者弱势地位的共性概括金融消费者的范围更为合理。事实上,持后两种观点的学者潜意识中扩充了传统金融服务中的消费者法律概念。他们认为金融消费者既包括传统金融服务中的存款人、投保人等,还包括购买基金等新型金融产品或直接投资资本市场的投资者。前者为保障财产安全和增值或管理控制风险而接受金融机构储蓄、保险等服务,成为一直普遍认可的金融消费者。后者尽管主观上有营利动机,但由于他们与金融机构之间存在严重信息不对称和地位不对等,因此仍与普通消费者有质的共性。

在投资者适当性研究中理清金融投资者和消费者的关系是十分必要的,可以明确制度保护对象。从微观交易行为来看,当购买或接受服务者与金融机构建立信义关系,并就交易标的相对对手方处于信息不平等的弱势地位时,就会给对方附加投资者适当性义务。虽然投资者适当性制度表述中为投资者,其实际在金融混业潮流中,早已演变为金融消费者利益的保护。在中国,虽然仍属分业监管体制,但投资者适当性制度中规制对象应涵盖所有购买复杂并具风险

---

① 参见王振栋:《论金融消费者与投资者的识别标准》,载《上海金融》,2011年第6期。"资信授予"的具体标准,即如果自然人在金融契约关系中作为资信授予方,即交付资金并按合同获取收益,则该自然人个体应认定为投资者;如果自然人在金融契约关系中接受资金并支付资本使用的价格,则将其认定为金融消费者。
② 参见于春敏:《金融消费者的法律界定》,载《上海财经大学学报》,2010年第4期。
③ 台湾《金融消费者保护法》第4条规定:"本法所称金融消费者,指接受金融服务业提供金融 商品或服务者。但不包括下列对象:专业投资机构、符合一定财力或专业能力之自然人或法人。专业投资机构之范围及一定财力或专业能力之 条件,由主管机关定之"。
④ 详见台湾《金融消费者保护法》第3条规定.
⑤ 叶林:《金融消费者的独特内涵——法律和政策的多重选择》,载《河南大学学报社会科学版》,2012年版第9期。

性金融产品的金融消费者。其分类中的非专业性投资者为金融机构适当性推荐义务的主要保护对象,而对于专业投资者,金融机构可以适当免除部分义务。投资者分类的具体内容在本文第四章第一节了解客户义务中客户的分类管理部分进行详细论述。

(三) 投资者适当性的法律内涵

张付标在其博士论文《证券投资者适当性义务制度研究》[①] 中提出投资者适当性有两类解释:一是匹配度或标准。依据国际清算银行、国际证监会组织、国际保险监管协会 2008 年联合发布的《金融产品和服务零售领域的客户适当性》报告[②],投资者适当性是消费者购买的金融产品与其经济情况、投资目标、投资需求、风险承受能力、知识和经验等的匹配度。在国际证监会组织《关于复杂金融产品销售的适当性要求(最终报告)》中,投资者适当性是中介机构在销售过程中遵守的标准和规定;二是要求或义务。罗斯和塞利格曼教授认为是一方承担推荐与客户需求相匹配证券的义务。[③] 诺曼·S·波塞尔教授认为是合理推荐的要求,其持义务和要求相结合的观点。[④]

事实上,投资者适当性实质法律内涵是金融机构承担的适当性义务。《金融产品和服务零售领域的客户适当性》报告中首先对适当要求(Suitability requirements)做了解释,即金融公司在向零售客户购买金融工具提供建议时,要确信金融产品对于特定客户是适当或适合的(suitable or appropriate),后对上文中的适当或适合(suitability or appropriateness)给出广义解释,即所说匹配度或标准的内容。[⑤] 投资者适当性(investor suitability)表述义务含义,而适当性(suitability)表述匹配度或标准含义。国际证监会组织在《关于复杂金融产品销售的适当性要求(最终报告)》中对其成员国市场调查后,对"适当性"解释为中介机构在销售金融产品的过程中应当遵守的匹配度和标准。Paul J.Bolster、Vahan Janjigian 和 Emery A.Trahan 在 1995 年就对适当性(suita-

---

[①] 张付标:《证券投资者适当性义务制度研究》,上海:对外经贸大学,2014 年博士论文。
[②] 该报告是国际清算银行的巴塞尔银行监管委员会与国际证监会组织、国际保险监管协会的联合论坛中发布的公告。
[③] Loss & Seligman, *Fundamentals of Securities Regulation*, Aspen Law&Busi-ness.2004.pp.1597.
[④] Norman S.Poser, "Liability of Broker-Dealers for Unsuitable Recommendation to Institutional Investors", *Brigham Young University Law Review*, 2001.pp.1493.
[⑤] Customer Suitability in the Retail Sale of Financial Products and Services,国际清算银行网站.[2014-11-17].http://www.bis.org/publ/joint20.htm.

bility）做出了解释，特定投资和投资组合与特定客户的适合度。① 投资者适当性核心法律内涵是在金融产品销售和推荐过程中，金融机构为达到金融产品与购买者投资目的、风险承受能力等条件相适应而承担的义务。这个义务内容中包含了解客户义务、了解产品义务、警示义务、适当性推荐义务以及其他对适当性义务履行法律要求。从法律关系来看，这个义务是监管方附加给金融机构对投资者应当履行的法定义务，因此在这个制度中，不单单包括金融机构与金融消费者之间的法律关系，还包括自律组织、金融监管机构对金融机构适当性义务履行的监管，以及相关投资者救济机制的配套。其中，金融机构的适当性义务是投资者适当性制度中的核心，其他相关的法律关系及配套机制都是围绕着落实金融机构适当性义务履行而派生的。因此，本文要讨论的投资者适当性制度既包括金融机构与金融消费者法律关系，还包括自律组织、金融监管机构对金融机构监管法律关系以及投资者权利救济机制。

（四）投资者适当性制度与合格投资者制度区别

在发达国家金融产品市场，大部分国家立法中认为不公开发行证券的发行不涉及社会公众的利益，因此对这一部分证券的发行采取了注册豁免制度。这一措施大大降低了发行人的信息披露义务，也减少了发行成本。但同时，立法者也担心注册豁免制度是否会被滥用，要如何保护投资者利益。为了既保持资本市场的活跃性，又能保护投资者利益，这些国家和地区在投资者进入相关金融产品和服务时设置了资格和条件，即合格投资者制度。合格投资者最早出现于美国 1933 年《证券法》规则 D-501 对合格投资者（accredited investor）的规定。1933 年美国证券法规定私募发行的注册豁免制度，当私募对象是合格投资者时不受人数限制。此类投资者主要包括银行、注册的投资公司资产超过 500 万美元的机构投资者和发行人关系人、财富净值 100 万美元以上或近两年收入超过 20 万美元的个人等。② 合格投资者制度指根据交易经验、净资产、收入水平等标准，设定具有进入该市场机构和个人的资格与要求。投资者市场

---

① Paul J.Bolster, Vahan Janjigian and Emery A.Trahan, "Determining Investor Suitability Using the Analytic Hierarchy Process", *Financial Analysts Journal*, Volume 51 Issue 4. 1995. pp1922.

② Definitions and terms used in Regulation D of the Securities Act of 1933 [EB/OL].[2015-4-18] http：//www.ecfr.gov/cgi-bin/retrieveECFR？gp=&SID=8edfd12967d6 9c024485029d 968ee737&r=SECTION&n=17y3.0.1.1.12.0.46.176.

准入制度是合格投资者制度的核心内容。投资者市场准入制度是投资者进入某一金融市场或者接受某一金融服务条件和程序上的要求。

中国《证券投资基金法》在法律层面对合格投资者进行了定义。所谓"合格投资者，是指达到规定资产规模或收入水平，并具备相应的风险识别能力和风险承担能力、其基金份额认购金额不低于规定限额的单位和个人"[①]。此外，中国证监会制定的《私募投资基金监督管理暂行办法》和《基金管理公司特定客户资产管理业务试点办法》，对可购买私募基金的合格投资者进行了界定[②]；银监会制定的《信托公司集合资金信托计划管理办法》中对集合信托计划的委托人做了相关限定。2014年12月证券业协会公布的《私募股权众筹融资管理办法（试行）（征求意见稿）》对股权众筹的投资者做了界定。[③]

合格投资者制度与投资者适当性制度之间的关系，有的学者认为投资者适当性制度包括合格投资者制度。[④] 有的学者认为两者是同一概念。[⑤] 事实上，两者是不同的制度。从制度设计的原理来看，合格投资者制度是从市场风险性角度出发，通过设定法定条件，塑造出进入特定的资本市场的投资者。投资者适当性制度实质是对金融产品销售者销售和推荐行为的约束；从制度约束的金融活动环节来看，前者是投资者进入市场前的既定条件约束，相对于投资者来说，是限定其进入市场的制度，如果不满足市场准入门槛，投资者是不能进入相关市场的。后者是在金融产品交易环节，对于经过风险评估后，即便对于金融销售者认为不适合投资者购买的产品，投资者仍有购买的权利；从制度内容来说，合格投资者制度核心内容是投资者市场准入的门槛设置。投资者适当性制度核心内容是金融机构须履行的了解客户、了解金融产品、适当性推荐等义务。虽然合格投资者制度中也对投资者进行了区分，但不同于适当性制度中的投资者分类。投资者适当性制度中对投资者进行分类的主要目的是对于不同投资者，金融销售者适当性义务履行标准和要求可以不同。但两者是有一点是相

---

① 参见《证券投资基金法》第88条第2款.
② 参见《私募投资基金监督管理暂行办法》第11—13条；《基金管理公司特定客户资产管理业务试点办法》第12条.
③ 参见《私募股权众筹融资管理办法（试行）（征求意见稿）》第14条 [EB/OL].中国证券业协会网站，[2015-5-27]. http://www.sac.net.cn/tzgg/201412/t20141218_113326.html.
④ 参见赵晓钧：《中国资本市场投资者适当性规则的完善——兼论〈证券法〉中投资者适当性规则的构建》，载《证券市场导报》2012年第2期.
⑤ 张力毅：《创业板：十年铸就》，载《宁波经济》2009年第8期；张霖：《创业板开板一周年运行情况统计分析》，载《证券市场导报》2010年第12期。

同的，制度设置的目的均为保护投资者，并促进形成良好有序的资本市场。

二、投资者适当性制度理论基础

（一）代理理论（The Agency Theory）

随着生产力大发展和生产规模化的出现，社会分工进一步细化，财产权利所有者由于知识、精力和能力等方面的局限性需要有专业知识的代理人帮助他们行使部分权利。在经济和社会领域都普遍存在着代理关系，如公民与官员、选民与人民代表、股东与经理等。

在代理关系中，委托人与代理人因追求的目标不同，而必然导致两者利益冲突。代理人在委托事务中拥有比委托人更多的信息。信息的不对称会影响委托人对代理人的代理行为是否适当的判断，而无法形成有效监控。理性的委托人和代理会将利用签订代理契约的过程，使各自的财富最大化。当两者间的契约关系能够实现双方都不损害他人的财富而又能增加自己的财富，即达到"帕累托最优化"状态为最佳。而事实上，代理人出于自我寻利的动机，往往会利用各种机会，增加自己的财富。其中，代理人的一些行为可能会损害到财产所有者的利益。

从20世纪60年代到70年代早期，经济学者开始研究合作的个体或团体之间，对风险存在不同态度时风险分担问题。詹森和梅克林提出的代理理论将此类风险分担问题解释为当合作方存在不同目标和分工时的代理问题。[1] 经济学者致力于委托者与代理人合同最优化的经济分析，即最优契约——"在利益相冲突和信息不对称的环境下，委托人如何设计最优契约激励代理人。"[2] 法学研究领域中的代理理论是从法律规制中给予代理人相应义务，防止代理人因利己行为带来的道德风险。

---

[1] M.C.Jensen, Theory of the Firm: "Managerial Behavior, Agency Costs and Ownership Structure", Journal of Financial Economics, No.4, 1976.p305-360.这一理论后来发展成为契约成本理论（Contracting CostTheory）。

[2] 武建强：《对委托代理理论中保险营销员激励监督机制的思考》，载《上海保险》，2007年第3期。

美国证券交易委员会用于规范证券经纪商对其顾客责任的大部分原则源于传统代理法（good old-fashioned agency law）。[1] 适当性义务正是源于普通法中的代理理论。一方明示授权另一方代理权后，代理人要为被代理人的利益行事，被代理人承担代理人的行为结果。证券经纪人为其客户代为执行交易，两者就是一种代理关系。20世纪初，就有一系列用代理法作为审理全方位经纪人[2]与顾客纠纷依据的成功案例。美国1934年《证券交易法》就直接将经纪商定义为任何从事代理买卖证券业务的人。代理商只要与被代理人建立一种受托关系，无论其是否收取佣金，都需尽力为被代理人利益行事。作为顾客的代理人和受托人，经纪商对客户有忠实和注意义务。适当性义务蕴含于代理商信息提供的义务中。证券经纪人有向委托人提供与产品有关的信息的特定义务。这一义务要求经纪人及时向委托人提供本人应当知道的产品信息。只要此种信息会影响委托者投资目标的实现，经纪人都应及时与其沟通。适当性义务要求券商向投资者披露交易的不适当，也是信息说明义务中的一个内容。当券商发现投资者欲投或已投的证券不适当，包括存在与投资者目的不合或者经济实力无法承受等情况时，均应告知投资者。即使这样会使券商丧失该笔佣金甚至流失该客户。在与其自身利益相冲突的情况下，代理理论要求券商作为代理人以最有利于投资者为原则，承担注意和忠实义务，包括不适当交易告知义务。

在美国，代理理论适用于证券经纪业务。对全方位经纪人和折扣经纪使用要求有所不同。全方位经纪人除了完成客户委托外，还可接受客户全权委托，对客户的账户享有决定权，无须客户指令即可从事交易。此时，全方位经纪人应以最符合客户需求和目标的方式管理账户，行使代理权利。在全权委托关系中，券商需告知投资者影响投资者利益的市场行情变化义务、投资者每次交易的情况、券商从事交易可能存在的交易风险、交易结果（券商的佣金和投资者可能获得的收益）等信息。在非完全授权账户中，经纪人需告知客户特殊

---

[1] Louis Loss, "*The SEC and the Broker-Dealer*". Vander bilt Law Review, 1948 (1).p516-517.
[2] 证券经纪商为投资者提供股票、债券交易服务的机构。基本职能是接受投资者委托，代理买卖证券，赚取交易佣金。证券经纪商进行的交易大多数都是代理业务，分为全方位经纪人（full-service broker）和折扣经纪（discount broker）两种，不同服务收取不等的佣金。全方位经纪人向投资者提供全方位投资服务的证券公司或个人经纪人。他们除了向客户提供常规的委托交易外，还替客户选择投资品种、制订个人理财计划等。折扣经纪不同于全业务经纪的地方在于它只提供最基本的经纪交易而非投资建议的服务；折扣经纪为个人和企业提供各种金融产品的信息，协助客户选择正确的投资渠道和产品.参见马惠明编.《英汉证券投资词典》北京商务印书馆，2007年第一版，第768页。

证券的风险并不能虚构重要事实。判断证券经纪人与投资者究竟是全权委托或是非全权委托,以经纪人是否能够控制委托人账户为标准。在 Leib v. Merrill Lynch, Pierce, Fenner & Smith, Inc. 案中,法庭在认定经纪人与委托人关系时,以经纪人是否对委托账户具有实际的控制权作为判断标准,对客户账户享有自由决定权的经纪商将负有很高的义务标准。法庭如果发现客户账户中存在大量未获得客户许可的交易,则通常会认定券商实际已控制了该账户。但如果这些交易是券商与投资者经常讨论账户资金情况或者处于特别交易的情况,则该账户不会被认定为处于券商控制之中。在这种情况下即使存在过量交易的情况,其交易结果也由投资者自己承担。①

(二) 诚实信用原则 (Good faith principle)

诚实信用原则源于罗马法诚信契约和诚信诉讼,是用于构建契约关系,防范欺诈行为的基础保障。诚实信用原则已被大多数大陆法系国家通过立法或司法活动确立为民法的基本原则,是市场经济活动的一项基本道德和法律准则,在民法领域中一直被视为帝王规则。其基本含义是,当事人在市场活动中,诚实不欺诈地行使权利履行义务,信守承诺依约定行事,在追求自己利益的同时不损害他人和社会利益。在未有明确立法时,诚实信用原则被法官最多援用于商事案件审判中。诚实信用原则要求交易双方能够本着诚实不欺诈的主观,善意而为交易,不故意损害他人权利,不滥用个人权利或与他人非法谋取利益。在客观方面,诚实信用原则要求交易方能够具有通常的谨慎和勤勉。

在金融产品交易中,市场交易双方需各尽其诚信义务避免权利滥用。投资者应尽力了解相关金融产品风险收益情况。金融机构向投资者了解个人信息时,应如实提供个人信息。金融机构在提供服务时由于其对产品认知程度具有先天优势,客户对将要购买的金融产品的认知和判断很大一方面依赖于金融机构提供的信息。因此,金融机构需要承担高于一般民事领域的诚信义务,向投资者提供适当的金融产品。金融机构不能凭借个人优势不适当劝诱投资者购买金融产品。这正是适当性义务的部分内涵。但是,诚信义务仅能以商事交易中诚信标准要求,不能全面阐释金融机构与客户间基于信赖关系产生的特殊义务,如以投资者利益最大化为原则的适

---

① Leib v. Merrill Lynch, Pierce, Fenner&Smith, Inc., 461 F.Supp.951, 953-954 (E.D.Mich. 1978), aff'd, 647 F.2d 165 (6th Cir.1981).

当性推荐、警示等义务内容。

（三）信义义务理论（Theory of Fiduciary Duty）

当经纪商与投资者存在委托代理关系时，可以用代理理论诠释适当性规则内容。显然经纪商与投资者之间不仅仅是委托代理关系。当经纪商提供金融咨询顾问服务或是证券自营业务时，则其通常会被认为是处于信义义务人地位上，也需要承担义务，即信义义务理论。[1] 信义义务是基于一种财产信义关系产生的。所谓信义关系指双方基于合意，一方将财产交由另一方管理，委托方保留财产收益权时，两者就产生了信义关系。[2] 信义义务源于古老看护人的职业道德标准，法律要求金融执业者能够像看护人一样看管好他人钱财。欧盟金融工具指令的市场法规中要求投资公司能用最佳方法和最好的价格为客户完成交易，就是金融从业人员履行的更高职业信义义务。这一义务不同于大陆法系抽象的诚实信用原则，其内容包括忠实、谨慎与勤勉等义务，而且要求更高，甚至可以说是一种苛刻。信义义务理论认为，当一方处于合理充分信赖对方而自身又处于弱势地位时，被信赖方明知并接受这种信赖，就负有为弱势方利益行事的义务。信义义务适用需满足三个条件：一是受信人承诺，愿意接受受益人委托；二是受益方对受托人产生信赖关系；三是受信人与受益人双方处于不对等地位，主要是信息和对财产支配力的不对等；被信赖者因信赖关系而承担信义义务，需以对方最大利益行事。而这种权利义务关系并不对等，而是附加于受信人单方的义务，意图保护受信人。

金融机构工作人员在向客户销售或推荐产品和提供服务时，负担着双层的信义义务。金融机构工作人员作为雇员获得雇主（其服务的金融机构）那里为顾客提供顾问的授权，承担为雇主尽力为事的信义义务。另一方面，金融机构工作人员在销售或推荐产品时要了解客户隐私信息，在深入了解客户信息

---

[1] Fiduciary duty 有不同的翻译。国内将其译为"信义义务""受信义务""信托义务"。大陆法系认为其源于委托责任。此义务带有法定性，更多是通过明文规则来确定，对超出法律的界限的行为，往往缺乏调整能力。英美法系认为其起源于信托。信托指的是一种财产上的依赖关系，一方获得财产权的同时，负有为他人的利益进行管理和处理财产的衡平法义务，并且应当采取明示的意思表示加以成立。可见信托只是一种财产上的关系。公司和信托中的信义义务是有区别的。比如公司具有独立人格的属性、社团性，信托严格禁止受托人的利益冲突交易。

[2] 王继远：《商事组织中信义义务的源流及其嬗变》，载《甘肃社会科学》2010 年第 4 期。

后，客户又基于其对专业的信心，会产生信赖关系，因而很容易接受券商的推荐而购买金融产品，亦承担信义义务。同样，金融投资顾问处理与投资者有关的信赖事务时，对投资者负有信义义务。信义义务中就蕴含着适当性义务。适当性义务要求券商在推荐和销售金融产品时需要事先了解产品和客户情况，在合理理由的基础上才可以向客户推荐相应产品。

（四）告知同意理论（Informed Consent）

告知同意理论是 20 世纪中叶发展起来的理论，最早适用于医疗侵权案件中。① 告知同意指权利人被告知相关信息后，做出同意的意思表示。布莱克法律词典对 informed consent 解释为：医生在对患者进行手术等医疗行为中，要对患者详细说明要进行的医疗处置方案风险和将要采取的措施，并获得患者同意。② 事实上，告知同意理论源于信义理论。无论是医患关系还是金融机构与投资者之间的关系，均存在信义关系，处于受委托方和受信任方有告知信息之义务。其产生之根本为解决专业领域中信息不对称问题。正是因为投资者和患者处于对相关领域的无知，对金融机构和医生产生信赖，由此要求金融机构和医生能够及时详细地对相关信息进行告知。目前，告知同意理论已扩展适用于其他消费领域。在金融领域，此理论被援引为适当性原则的理论依据。

在有价证券销售过程中，客户缺乏专业知识，若不能获得金融产品构成、市场风险等信息，很难做出正确的投资决定。在销售和推荐过程中，普通投资者会出于对金融机构工作人员专业知识的信任，而接受其提供的投资建议。但很少有金融机构销售人员会详尽地向投资者解释投资者的风险承受度和符合其实际情况的投资产品以及其他形成投资决策所需的知识和信息。相反，为了牟取较高额的佣金，金融机构销售人员更多地会借机进行选择性的信息披露，鼓励客户进行高风险的投资。此种行为往往会造成顾客购买的金融产品与其需求明显不相符的结果。事实上在多数情况中，个人投资者对投资产品内容并不理解，对自身风险承担能力和符合其实际情况的投资目标也没有清楚的客观认识，无法形成有告知同意的投资决定。此时，金融机构销售人员不仅需要告知投资者金融产品的风险、投资期限等信息，还负有教育客户的义务。金融机构

---

① P.G.Gebhard, "Developer Of the Term Informed Consent". *New York Times*, Retrieved 5, 2014.p.231.
② Bryan A.Garner, *Black's Law Dictionary*, West Publishing.Co., 2014.pp.702.

销售人员需要向投资者进一步详细解答相关专业问题，使投资者充分认识投资产品内容，最终实现投资者在认识自我风险承担能力与投资目标后，做出受告知同意的投资判断。告知同意理论的实践，最关键的问题就是告知内容的标准。在金融商品销售和推介领域中，金融机构不仅要告知客户充分信息直到客户能够了解个人风险承担，并能做出与其实际情况和投资目标一致的判断。而在实践中，金融机构仅告知客户市场具有不可预测性且存在固有风险。这样既没有针对性，又没有实际意义。投资者怀有不承担风险能够获利的幻想，正如病人幻想无副作用的神奇治疗一般。面对基于无知又怀有不切实际投资欲望的投资者，金融机构更应以投资者利益最大化为原则，向投资者履行告知义务并指导投资者做出理性合理的投资决策。但该理论只能解释适当性义务中告知义务的内容，不能全面解释其他义务内容。

（五）招牌理论（The Shingle Theory）

招牌理论产生于美国证券交易委员会（SEC）对经纪自营商的行政诉讼中，后被法院确认下来。招牌理论认为，券商无论在经营自营或经纪业务，只要其挂出招牌（hanging out a shingle），就默示能够和客户公平公正交易。[1] 券商欺骗客户，造成客户损失，要承担责任。法院虽然认为 SEC 提出的招牌理论已超越普通法，但考虑证券销售业务特别需要保护投资者，而且，国会也给了美国证券交易委员会规范券商的权力，因此支持 SEC 的招牌理论。

在美国，证券经纪商或自营商成为证券交易商协会（NASD）或是注册的全国证券交易所成员才可销售证券。同时他们受证券交易商协会（NASD）或全国证券交易所自律规范的约束。SEC 创设的招牌理论是依照自己的权限来规范券商，似乎超越了普通法，但事实上联邦证券法中用于规范证券经纪商或自营商的法规都借鉴自律组织（纽约证券交易所、全国证券交易商协会等）的监管规定。自律组织为券商能与投资者进行公平公正交易，维持市场和行业良性发展，制定行业自律准则。这些自律组织制定的行业公平交易准则也往往成为普通法立法基础。[2]

---

[1] Loss & Seligman, "*Fundamentals of Securities Regulation*", Aspen Law&Busi&ness, 2004.pp.879.

[2] Roberta S.Karmel, "Is the Shingle Theory Dead?", *Washington and Lee Law Review*, Volume 52, 1995.p.1271.

适当性规则是证券业自律组织用于规范券商的，使其遵守公平交易默示承诺。适当性义务源于招牌理论，成为 SEC 和自律性组织纪律处分券商和投资者民事赔偿诉求的依据。适当性义务体现于自律性组织规则中的"了解客户"义务和"合理基础"义务（做出的投资建议要适合客户财务状况和需求）。虽然这些义务设置之初是为保护成员公司而不是客户，但后已经成为保护投资者的道德标准。尽管"了解客户"义务和"合理基础"义务是道德义务，券商违反"合理基础"义务能否追究责任，取决于能否认定其违反了反欺诈条款。在 Brown 诉 E.F Hutton Group 案①中，第二巡回法院认为不适当销售可以纳入欺诈行为，可依照证券法 10（b）条款进行判案。在 O′Connor 诉 R.F Lafferty 案②中，第十巡回法院运用了同样原理进行判案，不同之处在于原告诉求支撑要素不同。前者要求原告证明出于对被告信任依赖，因被告欺诈行为而利益受损。后者由于被告实际控制投资者的账户，对原告证明被告行为是否构成欺诈行为的要求相对较低。

招牌理论与代理理论和特殊情况理论不同，既适用于券商与客户存在信托关系，又可适用于两者存在代理关系。招牌理论券商的行牌资格就意味其能够公平地对待客户。如果不公平交易行为违反了隐喻义务，也就违反了反欺诈条款。③ 美国证券法反欺诈条款已明确了违反此类义务的责任，同时招牌理论在证券行业自律组织公正公平交易规则中广泛运用。招牌理论本质是禁止券商滥用自身专业知识的优势进行不公平交易。这在投资者适当性义务中具体内容表现为：券商应充分了解证券业行情，在自营业务中能够以公平价格与客户交易；在经纪业务中，券商只会执行授权交易，未经授权的交易是一种失职；券商对受托的交易应及时完成，不能违反约定使用客户资金用于其他目的，以及要有合理基础向客户提出投资建议。

---

① Brown v.E.F.Hutton Grp., Inc.991 F, 2d 1020 (2d Cir.1993).
② O′Connor v.R.F.Lafferty & Co., 965 F, 2d 893 (10th Cir.1992).
③ 《肖钢在证监会加强中小投资者保护工作会议上讲话》，中国证券监督管理委员会网站，[2015-5-20]，http：//www.csrc.gov.cn/pub/henan/xxfw/gfxwj/201401/t20140120_242836.htm。

三、投资者适当性制度现实需求

(一) 保护投资者权益

2005年,美国联邦储备委员连续提息,加重了购房者的还贷负担又适逢美国住房价格下跌,购房者难以抛售房屋或通过抵押获得融资。很多次级抵押贷款市场的借款人无力按期偿还借贷,导致放贷机构亏损甚至破产。由此,引发次级抵押贷款市场危机,并逐步在国际金融市场蔓延。从表面看,引发次贷危机的直接原因是利率上升和住房价格的下跌。事实上,最初银行等信贷机构向信用程度较差和收入不高的借款人提供贷款的行为,即不当销售行为,才是这轮危机早已埋下的导火索。

2002年,雷曼兄弟首先在中国香港市场向非机构投资者(零售客户)发行雷曼迷你债券。由于雷曼兄弟公司并非商业银行,没有面向非机构投资者的销售平台,所以雷曼兄弟公司通过与银行合作,由银行进行产品的介绍、推广,并通过零售网络销售给客户,并按销售量收取佣金。而实际上雷曼迷你债是以信贷违约掉期(CDS)为标的金融衍生工具。从结构上说,它是一种以信用衍生品为标的的结构化投资产品。其连接信用风险的复杂设计,即使对于专业人士,也需要较长的时间才能完全理解。有些国家禁止售卖CDS给非专业投资者。在新加坡以及香港、台湾地区,银行为了丰厚佣金,不惜推销给退休人士等非专业投资者。他们大都不会详阅销售条文,以为迷你债券和普通债券均属保本,为低风险投资。结果2008年雷曼兄弟受次贷危机影响破产,迷你债券价值大跌,引发群体性事件。在销售过程中,银行职员主动游说投诉人将已到期的定期存款投资于雷曼相关产品、在销售产品时不考虑投诉人的承受风险能力和个人情况、不在销售点提示产品风险和特点等一系列不当销售行为是引发雷曼迷你债事件的根本原因。

自1995年始,中国商业银行尝试推出个人理财业务。2007年,由于下半年的全球经济下滑,股市震荡,造成很多银行理财产品无法达到预期收益率,甚至出现"零收益"现象。2008年年初,以浦发银行发售的人民币理财产品出现"零收益"为开端,多家中资银行的结构性理财产品之后都出现了"零收益"现象。其中，投资于股票或与股票型基金相关的金融产品受股市影响最为严重，有些被迫清盘。如建行的"海盈1号"QDII产品投资8个月来亏损达7%，民生银行的"港基直通车"理财产品因基金净值达到合同相关条款而被迫清盘。此外，2009年，汇丰银行推介的结构性产品KODA合约产品使得内地多位千万富翁瞬间变为负翁。

在理财产品的销售过程中，与客户直接接触的银行理财人员为获取佣金，顺利销售出产品，私自向投资者口头承诺或者夸大预期收益，或者在金融产品说明和协议外向投资者进行宣传或承诺。有的银行理财人员不按照监管机构的要求，了解和收集客户投资风险识别和认知等与交易有关的信息，或虽了解和收集了客户信息，但未能妥善保管有关的销售资料；有的银行雇佣不具备专业理财知识与技能的人员担任理财顾问，致使客户面临因银行理财人员缺乏专业素质而推荐不恰当理财产品的操作风险。在金融产品销售与推销过程中，金融机构内部也未依法及时合规地处理投资者的投诉，使投资者寻求救济面临诸多阻碍。银行理财产品频频出现的"零收益"现象，暴露出我国对商业银行个人理财业务风险管理机制的缺失，尤其对销售环节缺乏有效的监控。

金融机构不适当销售行为导致投资者利益损失，甚至引发群体事件。金融市场是金融机构为投资者提供产品和服务的市场。投资者是金融市场的基础元素，其对金融机构的信赖是市场繁荣之根本。金融机构和监管机构行为的最终目的都是为投资者提供最佳服务。21世纪以来，金融产品、交易方式的创新，都旨在满足投资者的不同需求，但创新会带来监管的弱化和金融系统性风险。同时，投资者与金融机构在经济实力、专业知识、信息资源等方面存在天然的不平等，且金融产品较之一般产品更具复杂性、抽象性和风险性的特点，金融机构往往为了盈利，会不顾投资者利益，肆意推荐或销售金融产品给投资者，造成投资者利益损失和资本市场不稳定。投资者适当性义务规则是金融机构在交易中对投资者投资行为的有利引导。适当性义务规则给予金融机构单方义务，要求其只能推荐或销售与特定投资者相契合的产品，具体义务类型包括了解客户、了解产品（合理根据）、适当性销售等内容。适当性义务规则使强者负有义务，使两者达到实质上的均衡，从而达到保护投资者利益的目的。

（二）维护金融市场稳定

不可否认，金融创新降低了交易成本，增强实体经济筹资能力。当金融产品趋向成熟，则其交易标准化，能够服务于大量市场交易者。此时，金融中介针对特定客户需求开发个性化的新产品。伴随新产品市场的不断扩张，交易规模不断扩大，交易成本降低，金融市场效率提高，金融市场得到发展。当新产品慢慢趋向成熟，金融中介又会研发新的产品，如此循环，可以说，金融市场的发展也是金融创新的过程。

金融机构创新的动机之一就是规避金融监管。金融机构通过金融产品获利，政府会为了公共利益进行管制。当此种管制达到阻碍其获得更多利益程度时，金融机构就会通过设计和创造新的金融产品来逃避政府管制。对金融管制的这种规避和突破，会使得道德风险多有产生。创新具有不确定性和风险性的重要特征，但金融创新同样可以将风险转移给投资者。当所有转移风险的创新行为都指向同一方向或领域，这个方向或领域就可能形成系统性风险而集中爆发。[①]

投资者适当性制度是为防范金融机构在金融创新中存在的道德风险进行的金融管制。主要针对金融从业人员利用专业知识和信息的严重不对称状况，利用公众对金融创新产品知识的缺乏而进行恶意销售和推荐产品的行为。通过投资者适当性制度的风险责任追究机制，在销售环节排除引起系统性风险的可能性。投资者适当性制度已成为资本市场防范金融系统性风险的减压阀。

（三）确保交易实质公平

公平价值包括平等和正义双重内涵。平等价值体现在分配的平等。正如约翰·罗尔斯所说："所有自由权和机会、收入和财富以及自尊的基础都应当被平等的分配。"[②] 正义无论是亚里士多德所指"分配正义"还是罗尔斯所提"正义观"，都关注的是利益、权利在社会个体成员和群体间的配置问题。在金融产品交易中要实现的实质公平是金融产品交易机会配置的公平和交易过程及结果的公平。但在金融市场中，双方信息不对称、地位和获取资源能力的差异是造成公平交易无法实现的重要原因。这种差异通常会出现两种情况：一是处于弱势地位者在交易决策时被动接受优势方交易条件，不敢讨价还价，未能实现利益最大化；二是受到优势方基于优势地位，欺骗对方进行交易。法律意在构建某种社会基本制度，消除这种差异带来的不良影响。

在金融市场中，投资者对金融产品的选择取决于其对产品信息的掌握是否

[①] 卓武杨，张小南.金融创新、道德风险与法律责任.载《管理世界》，2013年第六期。
[②] 〔美〕约翰·罗尔斯著，何怀宏等译：正义论，北京，《中国社会科学出版社》1998年，第一版第256页。

充分、真实和有效。在金融交易中，影响交易公平的信息障碍主要有两个：一是交易双方信息不对称，即信息从传来的渠道就存在天然分配不均；二是信息优势方利用其优势信息侵害信息劣势者的利益，使信息劣势一方成为无奈受害者。政府要求金融机构承担适当性义务，就是为了平衡金融机构与投资者信息不对称的格局。适当性义务再次划分了金融交易中双方风险与责任分配，同时也体现了投资者自主选择和购买权利的真实意志。可见，投资者适当性制度对于构建公平的金融交易市场环境确具有重要意义。

（四）提高交易效率

最早提出交易效率这一概念的是新古典经济学家杨小凯。[1] 据现有资料，复旦经济学博士赵红军最早对交易效率下定义。交易效率简而言之指"固定时间内交易或业务活动速度的快慢或效率的高低"[2]。高帆认为："效率的度量可以表现为时间快慢，但时间并不是衡量效率的唯一准则。交易的形成、展开和完成都是需要条件和投入的。"[3] 因此，交易效率可以被界定为：经济体在特定时期内，交易参与方在开展交易时投入与产出的关系。比较而言，高帆的观点更为全面与科学。

交易成本概括而言包括两大部分：一部分是人们为了获得专业分工的利益采取机会主义行为使交易不顺利或者失灵造成的损失；一部分是交易双方为议定、执行交易合同和保护产权的交易费用和时间成本。[4] 交易双方信息不对称是形成交易成本的原因之一。在金融交易领域，交易双方信息不对称的现象广泛存在。金融中介者存在利用其专业和经济优势，将风险转移给投资者的道德风险，使得交易中存在很大的不确定性和风险。于是，在金融交易中，需要正式的法律制度以约束当事人的机会主义行为选择空间，减少交易行为不确定性，进而降低内生交易成本。法律制度可以通过权利义务的配置降低交易成本。波斯纳定理中有两个推论：一是清晰地界定权利义务，增加外生交易成

---

[1] 杨小凯，张永生著：《新兴古典经济学与超边际分析》，北京：社会科学文献出版社，2003年（第一版），第365页。
[2] 赵红军：《交易效率、城市化与经济发展——一个城市化经济学分析框架及其在中国的应用》，上海：复旦大学出版社，2005年（第一版），第267页。
[3] 高帆：《交易效率的测度及其跨国比较：一个指标体系》，载《财贸经济》，2007年第5期。
[4] 汪其昌，杜文俊：《受托人忠实义务分析》，载《河南省政法管理干部学院学报》，2011年第1期。

本，以减少内生交易成本，有利于资源优化配置；二是如果交易成本大于交易收益，应该将权利配置给出价最高者。适当性规则界定金融机构在推荐和销售金融产品时的权利义务内容，减少了客户与之交易而产生的内生交易成本。同时，适当性规则消除了私人协商的障碍，润滑交易，节省交易时间成本。适当性规则将义务配给能够以最低成本避免损害的一方，既减少外生交易费用，又减少内生交易费用，保障了交易安全。

第二章
投资者适当性制度的基本法律关系类型与立法模式

在投资者适当性制度中，政府通过立法要求金融销售机构对投资者承担适当性义务，正是因为两者之间的基本法律关系以及由此产生金融机构对投资者负有的特殊义务。再者，明确金融机构与投资者之间法律关系的性质，才能准确认定金融机构违反适当性义务民事责任的性质。同时，监管金融机构适当性义务履行的自律组织和金融监管机构，因与金融机构法律关系不同，监管职责亦应有所不同。

一、金融机构与投资者之间法律关系类型

美国 NASD Rules2310（a）规定，会员推荐客户购买、出售或者交换任何证券时都要承担适当性义务。[①] 作为替代 NASD Rules2310（a）的 FINRA 2111（a）规定，会员在向客户推荐证券交易或者证券投资策略时要承担适当性义务。[②] 欧盟《金融工具市场指令》中规定对投资者适当性制度适用范围较为广泛。银行、证券经纪商、投资公司、其他金融中介机构在接受、传送并执行投资者的投资决策、销

---

① NASD Rules2310 (a), In recommending to a customer the purchase, sale or exchange of any security, a member shall have reasonable grounds for believing that the recommendation is suitable for such customer upon the basis of the facts, if any, disclosed by such customer as to his other security holdings and as to his financial situation and needs.
② FINRA 2111, Suitability (a), A member or an associated person must have a reasonable basis to believe that a recommended transaction or investment strategy involving a security or securities is suitable for the customer, based on the information obtained through the reasonable diligence of the member or associated person to ascertain the customer's investment profile.

售金融工具，提供投资咨询、证券投资组合管理服务、承销金融工具等时承担适当性义务。① 日本《金融商品交易法》规定，金融服务机构销售产品和提供服务时要承担适当性义务。② 台湾地区《金融消费者保护法》中规定，金融服务业与金融消费者订立提供金融商品或服务之契约承担适当性义务。③ 中国内地相关立法规定金融机构向投资者销售和推荐金融产品或服务时承担投资者适当性义务。④ 上述法律表述不同，但适当性义务均适用于金融机构以缔结金融商品和服务交易契约为目的，进行销售或推荐等行为。在金融产品交易过程中，金融机构从事不同业务，与投资者建立法律关系不同。只有理清交易过程当事人之间法律关系的不同类型，才能推导出适当性义务的产生原因和适用范围，进而确定投资者适当性权利义务内容和处理好交易双方因提供金融产品或服务而产生的法律纠纷。

（一）证券公司与投资者之间法律关系⑤

1.证券经纪业务中证券公司与投资者的法律关系

证券公司接受投资者委托，按照投资者要求，为其代为买卖证券，为证券公司经纪业务的内容。证券经纪业务中证券公司与投资者之间的法律关系有两

---

① Annex I to the MiFID (2004/39/EC)，转引自赵晓钧.欧盟《金融工具市场指令》中的投资者适当性 [J].证券市场导报，2011（6）：62.
② 日本《金融商品交易法》第40条：金融企业在金融商品交易业务中，以缔结交易契约为目的时。要考投资者知识，投资经验，财产状况，为其提供应有保护。金融机构不得进行不适当的劝诱。
③ 台湾地区《金融消费者保护法》第9条第一款：金融服务业与金融消费者订立提供金融商品或服务之契约前，应充分了解金融消费者之相关数据，以确保该商品或服务对金融消费者之适合度。
④ 中国《证券公司投资者适当性制度指引》第2条：证券公司向客户销售金融产品，或者以客户买入金融产品为目的提供投资顾问、融资融券、资产管理、柜台交易等金融服务，应当按照本指引的要求，制定投资者适当性制度，向客户销售适当的金融产品或提供适当的金融服务；《商业银行个人理财业务管理暂行办法》第37条：商业银行利用理财顾问服务向客户推介投资产品时，应了解客户的风险偏好、风险认知能力和承受能力，评估客户的财务状况，提供合适的投资产品由客户自主选择，并向客户解释相关投资工具的运作市场及方式，揭示相关风险。
⑤ 本文按照《证券公司投资者适当性制度指引》第2条所涉业务讨论法律关系。《证券公司投资者适当性制度指引》第2条规定证券公司向客户销售金融产品，或者以客户买入金融产品为目的提供投资顾问、融资融券、资产管理、柜台交易等金融服务，应当按照本指引的要求，制定投资者适当性制度，向客户销售适当的金融产品或提供适当的金融服务。

种不同观点：一是认为两者是委托代理关系[①]，一种认为是行纪关系[②]。委托代理关系与行纪关系主要区别在于法律后果归属不同。行纪由两个合同组成：一是委托人与行纪人之间的委托合同关系；二是行纪人与第三人之间的买卖合同关系。而居间是居间人将同一商品的买卖双方联系在一起，以促成交易取得合理佣金的服务。事实上由于证券法及业务规则界定证券经纪业务矛盾，导致证券公司与客户之间的法律关系难以定性。[③] 持代理关系观点者主要依据：一是我国证券法及业务规则，法规中提出证券经纪人为客户代理买卖证券；二是借鉴英美法相关立法，美国证券交易法中明确经纪商是除银行外代理他人从事证券交易业务的人；英国商事法将经纪人定义为"收取佣金为买或卖方购买或卖出股票、债券、商品或劳务的代理人"[④]。持行纪关系观点者主要依照大陆法关于行纪的规定。德国行纪商是以自己名义为他人买卖证券或货物的职业经营人。[⑤] 在日本，以证券公司名义为客户买卖证券规定为佣金代理，适用《日本商法典》中关于行纪的规定。[⑥] 事实上，英美法系中"代理"包括直接代理和间接代理，而且多为委托代理，因其法定代理规定于家庭及信托法律制度。居间人、行纪人、拍卖人等都处于代理人的法律地位，具有同样的权利、义务，没有独立存在的行纪、居间制度。而大陆法系国家中代理仅指直接代理，不包括间接代理，但存在行纪、居间制度。

中国国内采用了电子交易系统，在经纪商进行股票申报交易的时候，交易主机可以显示出交易的代码，还可显示出投资者的账号代码。这一来，证券经纪商表示出了直接代理人的身份。在申报国债交易的时候，交易主机只会显示出交易的席位代码，不会出现投资者的账户代码。这类情形可视为间接代理。

[①] 徐海燕：《论证券公司在从事经纪业务时与投资者之间的代理关系》，载《法学杂志》，2008年版第4期；陈学荣：《中国证券经纪制度》，北京：《企业管理出版社》，1998年，第236页。

[②] 徐兆宏：《论证券公司与投资者之间的法律关系》，载《上海财经大学学报》，2002年第5期；韩松：《证券法学》，北京：中国经济出版社，1995年版，第181—191页，王学春、李继武：《浅析证券交易行纪法律关系》，载《经济改革》，2009年第3期。

[③] 《证券法》第137条规定，在证券交易中，代理客户买卖证券，从事中介业务的证券公司，为具有法人资格的证券经纪人，《证券交易所管理办法》第46条规定，证券交易所应当在业务规则中对会员代理客户买卖证券业务做出详细规定。

[④] 潘金生主编：《中外证券法规资料汇编》，北京：中国金融出版社，1993年版第771页。

[⑤] 《德国商法典》第383条规定，行纪商是以自己的名义为他人（委托人）购买或销售货物、有价证券并以其作为职业经营的人。

[⑥] 参见 Louis Loss, "Makoto Yazawa&Marbara Ann Banoff", *Japanese Securities Regulation*, University of Tokyo Press, Little Brown And Company, 2001.pp.138.

在此进行交易的是证券公司。证券公司在交易时不是以客户名义进行买卖，而是以自己的名义来进行买卖，在交易时需申明是自营业务还是经纪业务。从事经纪业务的公司既是交易所的合约当事人，又是第三人的合约当事人。交易所和第三人不会把客户当成交易当事人。从事证券经纪业务的公司需要首先承担代投资者买卖的法律后果。证券投资者可自行下单买卖，证券公司再按它与客户订立的协议的规定转移给客户。再看资金结算系统，由于我国采用多级结算制度，证券公司需在每个交易日终止交易后的当天，与证券交易所结算中心完成一级结算。在完成一级结算后，证券公司承担交易结果，再与客户完成各自账户的二级结算。这就是可以保障交易当日客户账户借记交易平衡的"T+0"资金结算规则。因此可以看出，从事经纪业务的证券公司首先以自己的名义出现，并自行承担交易结果，再将后果转移到客户。所以，在证券经纪业务中，不应单纯将证券经纪商与投资者归为一种法律关系，其应是根据具体交易内容和行为进行分析。

2.证券资产管理业务中证券公司和投资者的法律关系

中国《证券法》明确禁止证券交易中，从事经纪业务的证券公司为客户提供全权代理服务[1]，但是准许进行证券资产管理业务。在证券资产管理业务中，证券公司接受客户委托，根据投资人的投资意愿对其资产进行管理并进行投资，为投资者获得收益，证券公司从中获取佣金。《证券公司客户资产管理业务试行办法》中将证券公司从事的资产管理业务分为三种：定向、集合和专项资产管理业务。

（1）定向资产管理业务

定向资产管理业务是证券公司与单一客户签订定向资产管理合同，通过该客户账户进行投资，其中具体的投资方向应与资产管理合同中约定的方式、条件、要求及限制一致。[2] 合同由委托人、证券公司和托管人三方共同签订。在定向资产管理业务中，证券公司需为定向资产管理客户开设专用证券账户，并在所开设的账户中进行交易。资产管理客户对于其专用账户中的证券享有相应的权利，并履行相应义务。[3] 整个资产活动是证券公司在委托人专用账户下进

---

[1] 见《证券法》第143条，证券公司办理经纪业务，不得接受客户的全权委托而决定证券买卖，选择证券种类，决定买卖数量或买卖价格。
[2] 参见《证券公司客户资产管理业务管理办法》第12条。
[3] 参见《证券公司客户资产管理业务管理办法》第34条、《证券公司定向资产管理业务实施细则》第19条。

行投资，客户资产交由资产托管机构管理。① 定向资金管理计划中所使用资金为单一客户资金。证券公司收到客户指令时才能使用，相应的投资责任也由客户自己承担。

因此，从定向资产管理业务中证券公司与投资者之间资产管理合同具体权利义务内容来看，两者符合委托代理合同关系的基本特征：首先，客户委托管理的财产所有权未发生转移；其次，证券公司是在投资者的授权范围处理委托管理财产，不能擅自投资；再次，投资行为法律责任属于投资者，而受托人获取的是管理费用和报酬；最后，当受托人违约，委托人可解除委托合同，还可提起请求返还名下财产之诉。

(2) 集合资产管理业务

集合资产管理业务指证券公司设立集合资产管理计划，与客户签订集合资产管理合同，将客户资产交由其他机构进行托管，通过专门账户为客户提供资产管理服务。② 资金账户名称是"集合资产管理计划名称"，证券账户名称是"证券公司名称—资产托管机构名称—集合资产管理计划名称"，不是客户名称。③ 在此期间，由证券公司代表客户行使集合资产管理计划所拥有证券的权利，履行相应的义务。④ 在集合资产管理业务中有两个特征：一是资金账户和证券账户都不在客户名下，资产所有权已经发生转移；二是证券公司享有依合同约定对集合资产独立管理和处分的权利。这点体现了信托财产独立性。在集合资产管理业务中，证券公司设立集合资产管理计划，证券公司和托管银行为受托人，众多投资者为受益人（其中的关系如图1所示）。受托人和受益人之间是信义关系（fiduciary relationship），受托人为受益人之利益管理资产，并负有信义义务。因此，集合资产管理业务中的证券公司与客户之间的法律关系应界定为信托法律关系。我国相关法规为保护投资者利益，在集合资产管理业务中规定了严格的业务隔离制度、托管制度，并规定了客户的主要权利为收益权、退出权。⑤

---

① 参见《证券公司客户资产管理业务管理办法》第16条。
② 参见《证券公司客户资产管理业务管理办法》第13条。
③ 参见《证券公司集合资产管理业务实施细则》第30条。
④ 参见《证券公司客户资产管理业务管理办法》第35条。
⑤ 参见《证券公司客户资产管理业务管理办法》第52条、《证券公司集合资产管理业务实施细则》第56、59条。

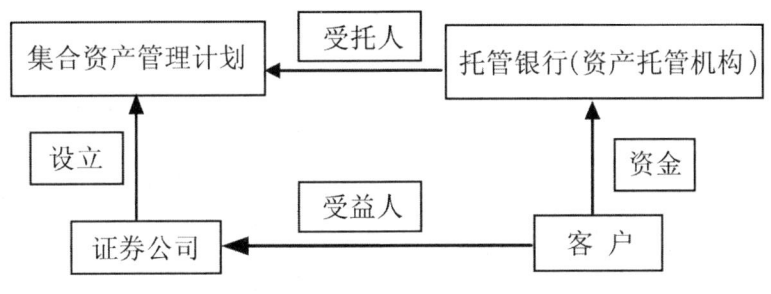

图 2-1 集合资产管理业务中法律关系

（3）专项资产管理业务

专项资产管理业务是指证券公司针对客户特殊要求和资产情况，设定特定投资目标，通过专门账户为客户提供资产管理服务。① 在专项资产管理业务中，首先由证券公司以管理人身份发起设立专项资产管理计划，并依照能够产生稳定现金流的基础资产发行资产支持受益凭证。投资者购买受益凭证，并据此享有该资产的收益分配。具体流程为：①确定将要证券化的基础资产，基础资产所有人作为原始权益人；②对该基础资产进行信用评级；③由证券公司设立专项的资产管理计划，向相关投资者发售资产支持证券，募集购买该计划的资金；④向原始权益人支付基础资产购买价款，完成基础资产的真实出售；⑤将专项资产管理计划资金委托商业银行作为第三方机构单独托管，商业银行提供基础资产服务；⑥专项资产管理计划存续期结束时，计划管理人返还投资者本金和基础资产。② 在专项资产管理业务中，证券公司与投资者具有信托关系法律特征：一是证券公司为资产支持证券投资者的利益管理专项计划资产；③二是专项计划账户资金独立核算。④ 其信托构造是：客户为信托中的委托人与受益人，而证券公司为受托人。

3. 融资融券业务中证券公司与投资者的关系

融资融券（securities margin trading），是投资者向具有融资融券业务资格的证券公司提供一定价值的担保物，借入资金买入证券（融资交易）或借入证券并卖出（融券交易）的行为。⑤ 投资者在证券公司开通融资融券业务，按

---

① 参见《证券公司客户资产管理业务管理办法》第14条。
② 《泛资产管理业务主要交易结构与法律关系》.中国律师网，[2015-1-19]。http://www.acla.org.cn/lilunyanjiu/13739.jhtml.
③ 参见《证券公司资产证券化业务管理规定》第20条。
④ 参见《证券公司资产证券化业务管理规定》第12、22条。
⑤ 参见《证券公司监管条例》第48条。

照融资融券合同约定将担保资金划入信用资金账户，将可充抵保证金的证券从普通证券账户划转至信用证券账户。在融资融券交易时，投资者发出委托指令给证券公司，结算时证券公司在授信额度范围内，为投资者垫付不足资金或证券，此时两者形成借贷关系，以买入的证券或所得价款为担保物。投资者需要在约定期限内反向买卖归还现金或现券。在融资融券业务中，具有融资融券业务资格的证券公司先以自己的名义，在证券登记结算机构开立融券专用证券账户、客户信用交易担保证券账户、信用交易证券交收账户和信用交易资金交收账户[①]；在商业银行开立融资专用资金账户和客户信用交易担保资金账户[②]。投资者在证券公司为其开立的证券账户、资金账户中，进行证券交易。

在融资融券业务中，证券公司与投资者之间先建立基础交易的委托代理关系后，再发生借贷担保行为，因此双方之间存在多种法律关系，包括委托代理关系、借贷关系和担保关系。我国对融资融券交易设置投资门槛，要求投资者必须在证券公司开户交易满6个月，账户资产门槛50万。可见，融资融券业务中进行的交易委托就是证券经纪业务，但融资融券业务中的借贷关系与担保关系具有特殊性。

第一，借贷关系。融资融券中的"融"就是借进借出的意思。表面看来，融资融券中的借贷关系与传统消费借贷都是种借入关系。但融资融券中的借贷关系具有特殊性：一是借贷关系成立的要式性，客户与证券公司需签订融资融券合同；[③] 二是诺成性，双方一旦达成合意，签订合同就成立借贷关系，合同的实际履行是客户发出交易指令时，证券公司向登记结算公司转让资金或股票时为实际履行；三是融资行为的连续性，在合同存续期间客户可以多次在额度范围内进行信用交易。

第二，担保关系。融资融券担保关系法律性质有一般债权质权说[④]、权利

---

① 参见《证券公司融资融券业务管理办法》第10条。
② 参见《证券公司融资融券业务管理办法》第11条。
③ 参见《证券公司融资融券业务管理办法》第12条。
④ 一般债权质权说认为，用于担保的证券所有权及其所代表的权利均转移给证券公司或证券金融公司等授信机构，授信机构负有返还相同数额证券的义务。授信机构享有的质权并非在担保证券上设立的质权，而是在融资人或融券人对授信机构之证券返还请求权上设立的质权，即一般债权质权。参见吴弘：《中国证券市场发展的法律调控》，北京：法律出版社，2001年版，第114页；何艳春：《证券公司融资融券业务债权担保的法律分析》，载《证券市场导报》，2008年第9期。

质权说①、让与担保说②和信托说③。在融资融券的担保中，客户需将保证金、融资买入的全部证券和融券卖出所得全部价款分别存放在以证券公司名义开立的证券公司客户信用交易担保资金账户和证券账户中，这一部分资产的所有权已转移给证券公司，与质权说中质权不转移质物权相悖。我国相关法规采纳信托说。④将担保账户内证券和资金视为信托财产，委托人客户实际上在积极管理信托财产，与信托和担保的基本原理冲突。融资融券担保法律关系亦非信托担保，因证券公司与客户为债权债务关系，不涉及第三方。在融资融券担保法律关系中，客户将保证金、担保资金和证券的权利转移给债权人——为其融资或融券的证券公司。证券公司可以按照约定变卖并优先受偿，并可对抗第三人。融资融券的担保为让与担保最为合适。

4.证券投资咨询业务中证券公司与客户（投资者）的法律关系

证券公司及其证券分析师在向投资者或客户提供投资咨询服务时，按照是否签订委托咨询合同可分为两类：一类是证券公司与客户签订委托咨询服务合同，需按合同，履行为其提供证券、期货投资咨询服务的义务，两者存在委托代理关系；一类是证券公司与客户并未签订委托咨询服务合同，两者虽然无成文合同内容的法律关系，但是证券公司及其证券分析师在从事证券投资咨询业务时，基于投资者对其信赖，对投资者负有信义义务。无论证券公司与客户是

---

① 权利质权说认为，证券虽为动产，但就担保而设定的权利标的而言，应是该证券所表彰的权利，因此，在融资融券交易中，融资融券人交付给证券公司或证券金融公司的证券应成立权利质权。参见林国全：《证券交易法研究》，中国政法大学出版社，2002年版，第155页。

② 让与担保说认为，在融资融券交易中，委托人为担保其向授信机构融资融券之债务，而转移担保证券之所有权与授信机构，使授信机构在担保目的范围内，取得担保标的物之所有权。嗣后于委托人债务履行时，授信机构得以同种类及数量之证券返还之；债务不履行时，授信机构有清算义务，处分所得，优先抵偿其债权。参见吴弘：《中国证券市场发展的法律调控》，北京：法律出版社，2001年版，第115页；贾纬，苑多然：《融资融券交易中的法律关系》，载《人民司法》，2007年第6期。

③ 信托说认为，融资融券担保是通过设立一个信托来实现的。客户作为委托人，证券公司为受托人，客户将担保物作为信托财产委托给证券公司管理。信托目的主要是为担保融资融券债权的实现。张悦，陈小宝：《融资融券交易法律关系分析》，载《金融与经济》，2012年第7期；黄江东：《融资融券法律关系及其二元结构分析》，载《金融法制》，2012年第9期。

④ 我国《证券公司监督管理条例》第53条规定：客户证券担保账户内的证券和客户资金担保账户内的资金为信托财产；《证券公司融资融券业务试点管理办法》第13条规定：融资融券合同应当约定，证券公司客户信用交易担保证券账户内的证券和客户信用交易担保资金账户内的资金，为担保证券公司因融资融券所生对客户债权的信托财产。

否签订委托咨询服务合同，均负有信义义务，并不得违背有关法规的禁止性规定，否则要对投资者承担民事责任。

（二）理财业务中商业银行与客户间法律关系类型分析

在银行众多业务中，理财产品销售适用投资者适当性义务理论，因此本书将主要分析银行理财产品业务中与投资者的法律关系，根据产品是否由银行发行可分为两大类：

1. 自主发行类

此类产品皆由商业银行自己研发，就金融理财产品交易来看，银行既是产品生产者又是产品销售者。根据产品是否承诺保证收益可分为保证收益和非保证收益理财产品。按照能否保本标准，将非保证收益理财产品再分为非保本浮动收益理财产品和保本浮动收益理财产品。

（1）商业银行销售保证收益理财产品给投资者后，需要按照合同约定条件，在保证其本金安全的同时，给付投资者一定收益。银行为了控制经营风险，通过销售此种产品后募集的资金，一般投入收益稳定且风险较低的领域，这种理财产品的收益往往较低。在本金和保证收益的部分，银行实际是投资者的借款人。对于溢出部分，可认为是银行通过管理投资者本金，为了双方共同利益而获得的收益。因此，在此部分，可将两者认定为信托关系。

（2）商业银行销售保本浮动收益理财产品给投资者，在产品到期时，需要按约定向投资支付本金，对于本金外的风险不承担任何责任。投资者可获得的收益需要根据当时该产品投入的市场行情进行核算实际收益情况。在兑付本金部分时两者是债权债务关系。对于浮动收益部分，应当认为是投资者基于信任将个人财产交由银行管理的法律关系，即信托关系。

（3）在非保本浮动收益理财产品销售中，商业银行既不保证投资者本金的安全，也不保证固定比例的收益。理财产品到期兑付时，银行只需按照约定，将实际投资收益和本金支付给投资者。相对于前两种产品而言，这种产品对于投资者来说是风险最大的产品，同样可能获得的收益也是最大。此产品的风险完全由投资者承担。当投资获得收益时，银行可按约定参与分配。其本质与信托公司的业绩提成相同。此类理财产品的销售，银行与投资者的基础法律关系应是信托关系。通常种类有挂钩类的衍生产品、银信结合产品、银基结合产品、"打新股"概念产品和QDII基金。

2.代理销售类

商业银行通常有着良好的资源和信誉,所以很多机构会通过银行来销售金融产品。银行在代销理财产品时,会收取代销费用,但不对金融产品风险负责。雷曼迷你债在香港和台湾市场,正是通过银行和券商向投资者销售。在代销的理财产品中,银行与发行机构是委托代理关系。此类理财产品以发行机构的名义销售,金融产品风险由发行机构或者投资者承担。银行实际上向投资者提供咨询服务。此时,银行的适当性义务履行对于保护投资者具有更为重要的意义。

(三) 其他金融机构与投资者(客户)之间法律关系

除了商业银行和证券公司以外,还有保险公司、信托公司、期货经纪公司等也可作为金融产品交易中介人或者交易当事人。它们在具体业务中,与投资者的法律关系可比照前文所述商业银行或证券公司与投资者的法律关系。如信托公司从事的顾问业务可以参照前文所述证券投资咨询业务中证券公司与投资者的法律关系;保险公司销售投资性保险产品时,可以参照银行销售自主非保本浮动收益理财产品中银行与投资者的法律关系。此处不再赘述。但是在此必须明确一点,当这些金融机构在从事金融产品推荐、销售业务的过程中,因其在专业、信息方面和经济方面的优势,均需承担适当性义务。

二、金融机构与自律监管组织法律关系类型分析

金融市场的监管离不开政府行政监管和自律监管,根据政府和自律组织监管所起作用大小,可分为三种管理模式:自律管理主导模式、行政监管主导模式和行政监管和自律管理相互配合模式。各国会根据金融市场的需要,而选择不同监管方式。美国在1934年颁布的《证券交易法》确认证券交易委员会是美国证券市场的最高监督管理机构,由此,从自律组织主导监管转为政府监管为主的监管模式。瑞典证券市场至今仍然以自律监管为主。中国为经济转轨国家,正在从早期政府监管为主向自律管理和行政监管相结合模式迈进。不可否认,在金融市场,自律监管组织成为金融市场监管不可或缺的重要主体。自律监管组织具有自律性、独立性和民间性等特点,本文从两大自律监管组织——

行业协会和交易所分析适当性义务监管中其与金融机构的法律关系。

(一) 行业协会与金融机构的法律关系

行业协会对金融机构适当性义务的履行监管实际上是自治权的内容之一。行业协会自治权具有特殊性,究其性质主要有私权说、公私权混合说、准行政权说和社会权力说。私权说认为行业自治权源于会员企业的私权利的让渡,因而其应为私权利;① 公私权混合说认为自治权兼有公权力和私权利属性,其理由:一是自治权在与国家权力关系中为消极自由权,是权利,而在与会员成员关系中为权力;② 二是从自治权产生的三种渠道,即契约、法律和行政授权分析,契约乃私权,法律和行政授权乃公权,故其有两者属性;③ 准行政权说认为这种权力具有管理公共事务的权能,兼有公权力的性质;④ 社会权力说认为自治权既非国家权力,又非私权利,因其具有强制性和支配力。其为社会权力,社会主体(公民、非政府的社会组织和社会群体)运用所拥有的社会资源(人、财、物、精神、社会舆论等)对社会和国家的影响力、支配力。⑤ 本人认为自治权属社会权力。首先自治权是权力,而非权利。按照卢梭社会契约论的理论,国家权力源于人民对自然权利的让渡。人民主权之下得到统一的社团自治权与其有着相同的属性。金融行业协会是金融行业组织成员为保护行业利益、保障成员权利,在自愿制定章程、规则基础上组织起来的民间组织。金融行业协会的自律管理是成员间借助契约形式界定相互间的权利义务,通过契约让渡各自的部分权利给金融行业协会,受其约束。同时,自律管理组织也保证依法约束自己的行为,实现金融行业内部的自我管理。正如国家与公民的权力关系一样,行业协会与会员间的契约关系赋予其管理会员的权力。当然这种权力与公权力不同,其主体为行业协会,而非国家。但它仍具强制性的影响力

---

① 张经认为协会权利是会员部分权利的集中;冯果认为这种权利是会员的契约授权,乃私权;周安平认为自治权是会员将必要的权力交给国家后,由自己保留决定自治事务的权利。参见张经:《行业协会权利源说》,载《中华汽摩配》,2005 年第 11 期;冯果:《自治:商会法律制度的灵魂》,载《国家检察官学院学报》,2008 年第 6 期;周安平:《社会自治与国家公权》,载《法学》,2002 年第 10 期。
② 魏静:《商会自治权性质探析》,载《法学评论》,2008 年第 2 期。
③ 鲁篱:《行业协会经济自治权研究》,重庆:西南政法大学,2002 年硕士论文。
④ 黄淼:《行业组织自治权探析》,载《法制与社会》,2007 年第 12 期。
⑤ 郭道晖:《法理学精义》,长沙:湖南人民出版社,2005 年版第 160 页。

和支配力。自治权合法的权威性来源于权力所涉及共同体范围内成员的认可或默认。[①] 社会权力与国家权力权力重要区别在于其自治性。它是非政府组织因其拥有相当的社会资源而享有的软权力。[②] 再看行业协会在适当性义务履行监管中诠释了自治权哪些内容。适当性义务规则产生之初,其由商业道德规范上升为行业自律守则。1938 年,美国国会通过《马洛尼法案》迫使华尔街券商成立一个组织——全国证券交易商协会(NASD)。次年美国证券交易商协会将适当性义务规则纳入行业守则,用于规范券商交易行为。此乃行业协会自治权中的自治规则制定权;行业协会在金融产品交易过程中对会员适当性义务履行进行监督检查,此乃自治权中监管权;对于违反行业守则中规定适当性义务的会员给予相应的纪律处分,此乃惩戒权;此外,对于客户与会员发生因适当性义务履行而引起的投诉和纠纷,行业协会有解决机制,此乃争端解决权。其权力详细内容在本书第四章做详细论述。

(二)交易所与金融机构的法律关系

在股票发展之初,股票交易与调味品、谷物等一起在综合交易所里交易,没有固定场所。之后,证券交易大都在咖啡馆和拍卖行里进行。1773 年,英国股票经纪商在伦敦柴思胡同的约那森咖啡馆中正式组织了第一个证券交易所(伦敦交易所的前身)。1792 年,美国 24 个证券经纪人在纽约华尔街 68 号外一棵梧桐树下签署梧桐树协议,协议规定了经纪人的"联盟与合作"规则。[③] 此乃纽约交易所的前身。传统交易所是会员制社团法人。会员制证券交易所以会员证券商为基础,以"行业自治、自我监管"为宗旨而形成。在传统会员制交易所中,其自治权与前述行业协会属同一性质。但当网络改变交易的方式,交易所需要改革来提升竞争力。越来越多的传统交易所从会员拥有的非营利机构转变为股东持有股份的营利公司时,即非互助化。交易所的非互助化主要包括三个方面的变化:一是所有权结构;二是组织形式;三是组织目标。在传统互助性交易所中,交易所所有者、决策制定者和使用者都是会员公司,而且这种所有权与其会员资格相伴而生。交易所所有者同时又是交易所的客户。在非互助性的交易所中,所有权、决策权和使用权是分离的。股东是所有者,

---

① 郭道晖:《权力的特性及其要义》,载《山东科技大学学报》(社会科学版),2006 年第 6 期。
② 郭道晖:《社会权力:法治新模式与新动力》,载《学习与探索》,2009 年第 5 期。
③ 仇京荣:《美国的银行清算系统(上)》,载《当代金融家》,2015 年第 6 期。

公司决策管理权由董事会行使，日常经营由相应经理完成，券商成为公司客户。非互助化交易所改变原互助化交易所以会员利益为目标，现以利润最大化、股东价值最大化为组织目标。

非互助化后交易所中，自律监管会发生什么变化？如前文分析，自律性组织的自治权源于会员权利的让渡。而在非互助化组织下，交易所为股东所有，券商与交易所转为客户关系。交易所制定的管理规则事实上达到维护交易秩序的客观效果，但实际是股东意志的表现。交易所在股东意志的规则下对券商的管理，已不是原本意义上的自律监管。在一个充分竞争的市场上，非互助化后的交易所与一般性的商业公司并不存在本质的区别。交易所与证券商之间本质上是一种服务提供者和客户的关系——券商租用交易所的交易设施并交纳费用，交易所出租交易设施并收取费用。每个券商分别和交易所形成一一对应的契约关系，一方是服务提供者，另一方是服务消费者。在这里，只有利益彼此对立的交易当事人之间的长期契约关系，而不存在会员制交易所下受共同利益驱动的券商的互惠联合体。从这个意义上讲，非互助化后的交易所彻底实现了交易所与证券商法律关系的契约化构造。在境外，互助化交易所自律监管有三种模式：一是仍由原交易所实施自律，如美国芝加哥商品交易所、加拿大蒙特利尔交易所；二是内部设独立专门行使自律监管权的机构。通过内部组织机构结构的调整，将交易所的市场机能和监管职能分开，避免可能发生的利益冲突问题，如澳大利亚证券交易所（ASX）、美国NASD监管公司；三是委托与第三方监管。由独立第三方监管，即节约成本提高效率，又可以保持公正与中立，如美国的全国期货协会（NFA）。

中国交易所还未实现非互助化，原因在于：一是交易所垄断还未打破，还没有竞争压力；二是在新兴资本市场中，发展和稳定市场是核心。现交易所会员制和非盈利性更符合市场需求。在会员制组织中，交易所和会员关系与行业协会与会员关系相同。所以在适当性义务分析交易所与券商的关系，我们在自治权为社会权、与行业协会统一进行分析。

三、金融机构与金融监管机构的法律关系

金融监管是指特定政府监管机构对市场交易行为主体行为进行的强制力的限制。政府监管机构代表国家履行金融经济管理职能，享有金融监管权。尽管

各国政府行使金融监管权的主体性质不同，有的属于行政机构，有的可能是法人、事业单位，但它们均代表国家行使金融监管权。① 金融监管权不同于金融宏观调控权，其具有微观调整的特征。微观监管是在政府监管机构对市场交易主体及其市场活动进行限制或规制，包括市场准入监管、市场运营监管和市场退出监管。② 目前各国无论采用哪一种金融监管组织体制，监管的目标基本是一致的：维护金融业的安全与稳定、保护投资者利益和维持金融业的运作秩序和公平竞争。③ 防范风险是金融监管的首要出发点。在市场运营阶段，风险来自两个方面：一是金融机构缺乏风险控制能力，不能很好防范风险，作为金融市场经营基本个体，其抗风险能力影响金融系统稳定性；二是市场交易中不公平交易行为。强势方（金融机构）的不当行为会使弱势方合法权益受到侵害。例如提供虚假信息、内幕交易等。这些行为会破坏正常交易秩序，损害投资者信心，可能带来市场动荡。④ 针对前一种风险，政府推行审慎监管措施保障金融业服务品质；对于后者，政府可采取行为监管或者金融消费者保护措施保障投资者的知情权、自主选择权、财产收益权等合法权益。

投资者适当性制度，是政府机构对金融产品交易行为的监管，是市场运营监管的一项制度。适当性义务是政府机构增加给金融机构的义务。设置该项制度弥补了在合同订立过程中，金融机构因地位、信息和资源而损害投资者利益的可能性。投资者适当性制度中的政府监管机构对金融机构的经营行为提出的规范性要求主要包括：首先，金融机构要按照法律规定收集、保存、使用客户个人信息；其次，金融机构能遵循自愿、公平、平等、诚实信用的原则，遵守公认的商业道德，不故意向投资者做不适当推荐，保护金融消费者的合法权益；再者保护投资者自主选择权。投资者能够自主选择提供金融产品和服务的金融机构、自主选择金融产品类型和服务方式、自主选择金融消费的时间、地点和数额等；最后，金融机构要建立内部完善的金融消费者投诉受理、处理机制，切实维护金融消费者对金融机构侵害其权益的行为向金融机构投诉并提出

---

① 郭峰：《全球化时代的金融监管与证券法治》北京，知识产权出版社，2010年版第267页。
② 程信和，张双梅：《金融监管权法理探究——由金融危机引发的思考》，载《江西社会科学》，2009年第3期。
③ 刘玉强：《地方政府金融监管绩效的评估与改善研究》，湘潭：湘潭大学，2011年博士论文。
④ 杨慧：《金融全球化下金融市场运营监管制度探析》，载《西南金融》，2007年第5期。

赔偿请求和获得合理赔偿的权利。① 可见，投资者适当性制度是金融监管机构采用的一项行为监管制度。在监管过程中，监管机构通过制定规则直接附加给金融机构义务的手段，达到保护投资者合法权益的目的，并对金融机构履行状况进行检查和处置。而且，金融监管机构还要建立配套的金融消费者投诉处理机制，畅通投诉受理渠道。投资者适当性制度是保护投资者的微观审慎监管方式，应当自下而上实现监管。自律监管组织承担一线监管者，对金融机构进行日常监管。政府监管应尽量让市场发挥作用，充分调动自律监管机制。其监管内容应主要为规章制定、违法行为的查处。

四、投资者适当性义务法制化的两种模式②

（一）内发型——从道德规范到法律的微妙转变③

20世纪30年代美国股市低迷，银行大量倒闭。1938年国会通过《马洛尼法案》④ 迫使华尔街上的券商成立一个组织——全国证券交易商协会（NASD）。1939年，美国证券交易商协会（NASD）吸收适当性这一道德标准规范其会员。会员受NASD纪律约束，要推荐适合的证券给投资者⑤，但不受法律的约束，具体内容体现在适当性一般规则2310（general suitability rule），⑥ 即在建议顾客购买、出售或交换任何证券时，所属成员必须有合理基础如客户

---

① 刘鹏：《金融消费权益保护：危机后行为监管的发展与加强》，载《上海金融》，2014年第4期。
② 投资者适当性制度最初产生于证券市场，本文对其法制化路径研究也以证券市场为主线。
③ Norman S.Poser, "Liability of Broker-Dealers for Unsuitable Recommendation to Institutional Investors", Brigham Young University Law Review, 2001 (4), pp.1493-1571.
④ Robertson, Kenneth, The NASD and your 401 (k) plan.401 (k) Advisor, 1999 (11), p.6.
⑤ Norman S.Poser, "Liability of Broker-Dealers for Unsuitable Recommendation to Institutional Investors", Brigham Young University Law Review, 4, 2001.pp.1493-1571.
⑥ NASD Conduct Rules, NASD Manual (CCH) Rule2310, at 4261 (May 2, 1990) ("Recommendations to Customers (Suitability).". 原Rule 2310就是后来的Rule 2310 (a)，要求"在会员向客户进行推荐购买、销售或交换相关证券产品时，应有合理根据认为其做出的推荐适合该特定客户。"

证券持有情况、经济状况和投资目标。该规则置于行为规则中，是公平交易规则中的内容，也是后来的 Conduct Rule2310（a）合理基础规则。除全国证券交易商协会外，还有其他自律性组织（SROs）都有适当性规则。但它们的适当性规则没有全国证券交易商协会的规则重要和影响范围大。美国市政证券规则制定委员会（MSRB）① 制定的规则要求券商向个人投资者推荐时要积极询问，此外，在确定市政证券适当时才可推荐给投资者（包括个人和机构投资者）。② 纽约证券交易所（NYSE）没有普遍适用性规则，但是有"了解你的客户"（know your customer）的规定。该规定要求交易所中的会员公司要尽职调查每一位客户（指令）的基本事实。③ 虽然这条规则最初旨在保护证券交易所会员避免与不诚实或破产的客户交易，而目前已成为保护投资者免受不良券商诱导而购买风险过高的证券的规则。④ 虽然全美证券交易商协会有适当性规则，其他自律性组织和纽交所有"了解你的客户"规则，但都不能成为私人诉讼的法律依据。因为这些规则仅仅是证券业的行为标准。如果投资者要进行相关的诉讼，需依照与适当性规则相关的美国证券交易委员会（SEC）Rule10b-5 反欺诈条款。1978 年，第二巡回法院审理的 Clark v.John Lamina Investors, Inc.案件⑤，开启了 SEC Rule10b-5 下适当性规则的诉讼。经纪人故意向个人投资者推荐不适当证券是对投资者的欺骗，则违反了 Rule10b-5（c）。SEC Rule10b-5（b）规定在证券交易过程中，禁止任何一方的欺骗行为、虚假陈述和遗漏重要事实。Rule10b-5（c）是一个兜底条款。尽管 10b-5 规则并没有明确成为私人诉讼原因，但最高法院认为，如果有人违反，私人是可以提起诉讼的。⑥ 私人进行诉讼是要证明事实不是被告违反了 NASD（或者其他自律组织）的适当性规则，而要证明其违反了 10b-5 规则。⑦ 全美证券交易商协会适当性规则的解释可以影响法院和仲裁员在决定经纪人在推荐给机构投资者一

---

① 美国市政证券规则制定委员会（MSRB）是美国证券交易委员会依照 1934 年证券交易法授权用于规制市政证券交易行为而设立的自律组织。
② Mun.Sec.Rulemaking Bd.MSRB Rule G-19, MSRB Manual (CCH) 3591 (1994).
③ 参见 NYSE Rule405（1）.[EB/OL].纽约证券交易所网站，[2015-4-17].http：//nyser-ules. nyse. com/NYSETools/PlatformViewer. asp? searched = 1&selectednode = chp% 5F1% 5F5%5F7%5F6&CiRestriction=405&manual=%2Fnyse%2Frules%2Fnyse%2Drules%2F.
④ Lewis D.Lowenfels & Alan R.Bromberg, "Suitability in Securities Transactions", *Business Law*.Vol.54, No. 4, 1999.p1583.; Sam Scott Miller&Robert D.Popper, "Discount Brokers' obligations under the suitability Doctrine", No.11 Insights7. (Nov.1991).p274.
⑤ Clark v.John Lamula Investor, Inc., 583 F.2d 597, 599 (2d Cir.1978).
⑥ See Herman & Maclean v.Huddleston, 459 U.S.375, 388-389 (1983).
⑦ See Platsis v.E.F.Hutton & Co., 946 F.2d 38, 40.

个不适当证券后是否承担责任。适当性规则在美国的法制发展的轨迹是从道德规范向法律的潜移默化，实质上是当时证券市场现实的需求。在20世纪60至70年代，美国欺骗性经营行为成为证券市场一个突出问题，联邦法院和巡回法院对SEC Rule10b-5规则进行了扩展解释和适用[1]，SEC在1963年的研究报告中也明确适当性规则可基于Rule10b-5引起法律责任。进而，适当性规则成为诉讼适用内容之一。

20世纪90年代后，适当性规则成为自律监管机构仲裁依据。诉讼退位为仲裁的补充机制。大量纠纷通过自律组织的仲裁机制解决，投资者对仲裁结果不服时可再诉讼。2007年7月全国证券交易商协会（NASD）和纽约证券交易所监管当局合并为金融业监管局（FINRA）——全美最大的证券业自律监管机构。2012年金融业监管局发布Rule2111和Rule2090取代原NASD Rule2310和纽约证券交易所Rule405（1），形成了统一的适当性自律规范体系。

当前美国适当性规则体系是以金融业监管局（FINRA）等自律组织的自律性规范为主进行市场交易自我管理，证券交易委员会通过制定规则和行政执法对自律组织适当性规则的履行进行监督，法院依反欺诈条款最终保障适当性的实施。这一体系与美国政府一直倾向于市场发挥作用，而较少国家干预的法制理念相对应。美国金融监管中政府监管是自律监管的补充。政府更加注重市场规律，基于父爱主义对金融市场进行干预，进而平衡市场主体间的利益，实现社会整体利益最大化。[2]

1992年，日本借鉴美国NASD的适当性规则，对《证券交易法》进行修订，在法律层面首次引入该规则。[3] 事实上，这一规则的引入不是空穴来风，在日本本土亦有法律基础。日本在民法典第644条[4]规定受托者的善管注意义务。在证券业中，证券公司无论是在有价证券的委托买卖或是推荐行为中，都要承担善管注意义务。正是基于这一理论基础，1974年，日本大藏省证券局发布《关于全面推进投资者本位的营业方针》，明确证券公司具有善管注意义

---

[1] 汤欣：《美国证券法上针对虚假陈述的民事赔偿机制——兼论一般性反欺诈条款制度的确立》，载《证券法苑》，2013年第1期。

[2] 冯果，袁康：《从法律赋能到金融公平收入分配调整与市场深化下金融法的新进路》，载《法学评论》，2012年第4期。

[3] 宫下修一：《说明义务与违反适当性原则》，潮见佳男·片木晴彦编《民商法》，东京，日本评论社，2013年版第143页。

[4] 参见日本民法典第644条（受任人的注意义务）：受任人负以善良管理人的注意，按委任本意委托事务的义务。

务，首次体现适当性原则内容。1975年，日本证券业协会出台公正习惯规则①，要求会员掌握客户的职业、年龄、投资经验有无、资产状况等并制作顾客信息登记卡。

在证券市场大众化、金融产品多样化进程推进下，日本政府亟需加强对证券业经营方式的规范。1991年，证券交易审议会研讨国际证监会组织（IOSCO）1990年发布的国际商业经营准则②在该国适用问题，通过会议报告形式明确了适当性原则立法依据。1992年，政府通过对证券交易法的修改，在法律层面明确适当性规则。当有了相应立法后，证券公司违反适当性义务的责任性质发生改变，不再是道德的谴责，而是行政责任。1998年4月1日，日本政府启动"大爆发"的金融改革，改革朝向自由、公平及全球化原则，建立一个具有竞争力市场制度为目标。伴随金融改革，日本国内金融商品和交易立法进行全面修正。适当性规则在《证券交易法》43条第1款③证券公司的业务规定中进行了修正。之后，又被2006年《金融商品交易法》40条第1款替代，成为日本现行适当性原则。《金融商品交易法》主要进行了以下变更：第一，义务对象从证券公司扩大为金融商品交易业者；第二，适用的行为全面扩大为金融商品交易行为；第三，适当性销售增加考虑投资者投资目的要素；第四，对于特定投资者，限制适用适合性原则；第五，"业务的运营状况"替代"业务状况"。这样一来，适合性原则通过行政通报，成为行政监管法规内容。当违反适当性义务时会承担行政责任，但是否会承担私法上民事责任，还需司法实践的验证。在这种情况下，1993年前后开始，地方法院审理违反适合性义务的民事赔偿案件。当金融机构违反适当性原则程度达到社会公允程度时，会被判为不法行为。

---

① 1975年2月19日制定公正习惯规则。规则制定初，并没有规定适当性原则。1996年，进行修订，添加适当性规则内容，即现3条2项的规定：会员必须把握投资者的投资经验、投资目的、经济实力等情况，并致力于依据顾客的意向和实际情况推荐或销售适合投资者的证券。

② "A Resolution on International Conduct Of Business Principles Passed" by the Presidents' Committee November 1990 [EB/OL].国际证监会网站，[2015-4-17].http://www.iosco.org/library/resolutions/pdf/IOSCORES4.pdf.

③ 《证券交易法》第43条：证券公司应努力管理运营好业务不能出现下述各款所列情况：第1款：在进行有价证券的买进或卖出或接受这一委托等、有价证券指数等期货交易、接受有价证券期权交易或外国市场证券交易的委托或有价证券店头衍生交易或其他委托等时，根据客户的知识经验及财产状况，提出被认为是不妥当的劝导，不利于保护投资者的利益或可能不利于保护投资者的利益的；第2款：除前款所列的情况外，内阁府令规定的业务运营状况违背公共利益或可能对保护投资者产生障碍的。

2003年10月23日,最高法院对证券公司违反适当性原则不当劝诱行为的上诉案件做出最终判决,支持投资者的赔偿请求。最高法院这样再次确认下级法院的立场,通过判令适当性规则的私法地位,对于保护投资者具有重要意义。

(二)外发型——监管法规(法律)的本土植入

2008年,"雷曼迷你债券"事件爆发,波及新加坡及台湾、香港地区金融市场,造成投资者经济巨大损失。于是台湾地区加强金融立法,借鉴美国、日本和英国的适当性规则,建立一套适当性规则体系,主要包括法律、监管法规、自律规范三个立法层次。2008年始,"行政院金融监督管理委员会"对风险较大的产品和服务市场的监管法规进行一系列修订,包括信托业、证券投资顾问业务、境外基金、期货信托基金。① "台湾证券商同业公会"对金融衍生品交易业务、资产管理业务、证券柜台买卖中心对金融产品推荐业务、台湾证券交易所对证券推荐行为规则都进行了修订,对适当性义务做出明确规定。② 2011年6月29日,台湾地区"立法院"颁布《金融消费者保护法》第9条至第11条是关于适当性义务的规定,包括义务原则性规定、对金管会立法授权和风险提示义务、违反适当性义务民事责任及免责事由的规定。同年,"行政院"金融监督管理委员会依授权制定了《金融服务业确保金融商品或服务适合金融消费者办法》。该办法详细规定金融服务业向投资者提供金融产品和服

---

① 2008年3月4日台湾地区修订《证券投资信托事业募集证券投资信托基金处理准则》第23条规定基金销售机构适当性义务和内部控制制度;2008年8月4日修订《证券投资顾问事业管理规则》第22条规定证券投资信托事业适当性义务和内部控制制度;2008年8月4日修订《证券投资信托事业管理规则》第22条规定证券投资信托事业适当性义务和内部控制制度。2008年10月14日修订《境外基金管理办法》第42条规定境外基金募集及销售的总代理人及销售机构适当性义务和内部控制制度;2008年10月30日修订《期货信托事业管理规则》第33条规定期货信托事业适当性义务和内部控制制度;2008年10月30日修订《期货信托基金管理办法》第28条规定期货信托基金销售机构适当性义务和内部控制制度;2010年10月11日修订《境外结构型商品管理规则》第22条规定受托或销售机构办理境外结构型商品之受托投资、受托买卖或以之为投资型保单之投资标的时履行适当性义务;2012年1月10日修订《证券商管理规则》第35条规定证券商受托买卖有价证券的适当性义务。

② 详见《证券商经营营业处所衍生性金融商品交易业务自律规则》第4条、《证券商营业处所经营衍生性金融商品交易业务规则》第4条、《证券商推介客户买卖有价证券管理办法》第2条、《证券商办理财富管理业务应注意事项》第13条之规定。

务时适当性销售的要求和规则。包括了解客户、产品适合性审查、保险业销售和提供保险商品和服务适当性要求。台湾地区在完善金融立法的同时，还废止了一些法律，如金管会的银行办理财富管理业务应注意事项、银行办理财富管理业务作业准则均于2012年废止。原规范中适当性规定都被新的法规所涵盖。台湾地区投资者适当性规则立法有这样几个特点：一是适当性规则伴随金融立法改革植入本土，是吸收与融合的结果；二是法律规定为概括原则性规定，监管法规强调特定业务中的适当性要求和内部控制，自律组织规则制定较细；三是法律层面明确适当性义务为法定义务；四是金融纠纷非讼机制的本土化。在处理雷曼连动债事件中，台湾地区借鉴英国金融申述专员创设台湾评议申诉机制，可以快速专业解决金融纠纷，尤其是不当销售行为引起的纠纷。

"迷你债"风险爆发后，香港地区监管当局迅速采取了一系列应急措施。2008年12月，"金管局""证监会"分别向"财政司"提交了有关雷曼迷你债务危机相关事件的调查报告。[①] 同年，"立法会"成立专门小组研究雷曼兄弟相关迷你债券及结构性金融产品所引起的事宜，并于2012年提交报告。"证监会"也通过制定《证券及期货事务监察委员会持牌人或注册人操守准则》（以下称为《操守准则》）等规章，针对衍生产品、高息投资工具和结构性产品等结构较为复杂或者风险较高的金融产品提出持牌人或注册人应履行的投资者适当性义务，规范了持牌人或注册人的业务行为。总之，香港地区适当性规则的立法浪潮源于金融危机后的反思与完善，又有其特点：适当性规则只是监管机构规范持牌人或注册人行为的手段，如《操守准则》中明确本守则不具有法律效力，实际效果是如果持牌人或注册人不遵守，将无法继续获得发牌或注册；[②] 在复杂产品中规定适当性义务规则，并加强要约中信息披露的要求。

（三）小结

美国是判例法系国家，适当性规则从道德规范到监管规范，再由司法判例使其具有法律效力。日本作为成文法系国家，适当性规则从自律规范到监管规

[①] 2008年12月金管局提交《就分销与雷曼集团公司相关的结构性产品的事宜提交的报告》，证监会提交了《雷曼迷你债务危机引起的事项向财政司长呈交的报告》。

[②] 证券及期货事务监察委员会颁布《持牌人或注册人操守准则》（2014年3月第15版）说明注释：证监会在考虑持牌人或注册人是否符合适当人选的测试，从而可以继续获得发牌或注册时，将会以本守则作为指引，并就此而言，将会顾及本守则的一般原则及具体条文。就本守则而言，注册人包括《银行业条例》（第155章）第20（10）条所定义的"有关人士"，同时"注册"一词应据此解释。本守则已于宪报刊登。

则，再上升为法律。两国属不同法系，但适当性义务法制化都是通过资本市场立法不断改革和修正，由自律规范向法律化发展的过程。其法制化的进程与市场发展同步，并最终都将适当性义务确定为法定义务，最大化保护投资者利益。我国台湾和香港地区进行投资者适当性立法，主要源于政府认为市场出现失灵，需要制定此机制，而推进政府机构和行业的监管立法。

投资者适当性制度能够在内发型法制化国家市场中产生应具备以下条件：首先是投资者适当性规则的理论基础。在美国最早成为投资者适当性规则的理论基础的是普通法中的代理理论，也正是传统代理法的规则成为审判案件中的依据。在日本民法中受委托人的善管义务成为适当性规则的依据。其次是市场需求。投资者适当性规则作为自律规范，多因为行业自律组织对会员公平交易的需求，也有出于保护会员交易安全的要求。再次，司法判例中对金融机构违反适当性义务民事责任的认定，一方面完善投资者适当性制度中的救济机制，另一方面凸显适当性义务法定化的需求。最后，政府在金融市场出现危机时，通过对市场需求和先前案件分析，进行投资者适当性义务的监管立法，逐渐提升投资者适当性规则的法律层次。

第三章
适当性义务与权利

一、金融机构的适当性义务

(一) 了解客户义务

了解客户的义务是金融机构适当性义务的基本内容之一,是指金融机构将合适的金融产品和金融服务推荐或提供给客户之前,要充分了解客户各种信息,如身份、风险承受能力、财产充足状况甚至是投资偏好和家庭背景等等;了解客户义务还包括,当客户的相关信息发生变更时,要及时更新客户信息,同时相应地变更服务的内容和方式。对客户信息的了解是评估其能否承担金融产品风险的重要基础和依据。美国纽约证券交易所 NYSE rule405 规则最早规定了解客户(Know Your Customer)的内容,之后被美国金融业监管协会(FINRA)Rule2090 替代。在海外成熟资本市场的法规与操作指引中,在客户新开户、为客户执行交易和后续的客户回访过程中,均对了解客户义务做了要求。其具体包括如下内容。

1.需要了解的客户信息

金融机构在向客户推荐或者销售金融产品时,应当了解客户的基本信息,包括客户受教育程度、投资经验、投资目标以及财务状况等。对于刚开户的新客户,金融机构会为新客户建立档案。此时,客户根据个体性质不同需要录入个人信息或者机构信息。此时信息主要为身份性基本信息,个人信息中的客户姓名、地址、电话、职业、健康情况等；机构信息中的机构名称、实际控制人、法人名称和身份证、公司地址等。这些信息会录入金融机构的电子系统，进行数据储备和分析处理。在适当性销售环节，金融机构的工作人员需要采集的信息是会影响其销售客体的信息，或者说是能够判定客户风险承受能力的信息。此类信息包括：财务信息、投资期限、投资目标、投资知识与经验、投资意向与偏好。有关客户财务方面的信息包括投资者职业带来的固定收入、现投资的流动资产和不动产信息；投资期限是指客户打算投入资金至撤回之期间；客户投资的目标包含的内容有，对投资对象风险高低的好恶程度、对投资期限长短的预期、目前手头所持有投资资产组合等相关信息。此外，还包括投资者所具有有关投资的专业知识和经验、投资者对投资项目的认识、对投资对象复杂程度、风险程度的认识、对投资对象的熟悉程度等事项。① 投资意向与偏好是投资者为实现获利目的，对承担风险的种类、大小等方面的基本态度。有些国家（地区）为金融机构更准确了解客户情况，会要求了解更为详细的信息。如香港证券及期货监察委员会《有关从事财务策划及财富管理业务的持牌及注册人士为客户提供合理适当建议的责任》特别规定投资顾问有责任了解客户提供追加款项和额外抵押品的能力。② 有些国家会针对不同市场做不同要求。如新加坡金管局《关于投资产品建议的通知》特别要求投资顾问了解客户的投资组合以及若投资产品为人身保险保单情况下，客户的受养人数目及各受养人的受养范围和期限。这些要求均为证券公司了解客户提供了可供参考的维度，让证券公司准确了解客户投资意向、风险识别能力和承担能力，使其所做的销售或推荐决策更贴近客户的真正需求。

2. "了解你的客户"程序

金融机构了解客户需要通过一定的方式和程序以保证适当性义务的履行。了解客户的程序同时也是金融机构对客户信息核实和分析的一个过程。在程序规范方面，了解客户规则要求金融机构与投资者建立业务关系时要做好记录。各国（地区）方式有所不同，如德国要求客户应填写"证券业务客户信息"，新入市客户需当面提交"基本信息"。日本要求金融机构建立并维护"客户信

---

① 参见英国《商业行为准则》COBS 2 Conduct of business obligations [EB/OL].英国金融行为监管局网站，[2015-3-26].http://fshandbook.info/FS/html/handbook/COBS/2.

② 香港证券及期货监察委员会《有关从事财务策划及财富管理业务的持牌及注册人士为客户提供合理适当建议的责任的（常见问题）》[EB/OL].香港证券及期货事务监察委员会网站，[2015-2-17].http://www.sfc.hk/web/TC/faqs/intemediaries/supervision/suitability-obligations-of-investment-advisers/2007-05-08.html#2.

息卡",并记录投资者尽可能完整的个人信息。台湾地区要求金融机构必须存留投资者的基本信息资料,包括投资者的基本身份资料、财务状况、财产的来源状况、所具有的金融专业知识、投资风险偏好、以往历史投资记录等信息。

在现代网络时代,金融机构通过CRM(客户关系管理)系统中客户数据、交易操作记录的留痕数据和风险类型问卷调查测试综合评价客户的风险承受状况。CRM系统是一对一的客户关系管理电子系统,存载的是客户资料数据。这个系统功能就是对客户数据进行挖掘分析,按照系统既定标准对客户进行归类。系统可按照金融机构需求进行设计,筛选出可获利客户。CRM系统采集客户信息越多,准确度就越高。对于认定客户风险承受测评结果影响较大的信息,会作为优先收集的资料要求客户填写。这样既提高交易效率,又提高测试的准确性。运用数据仓库技术,挖掘在经营过程中积累的投资者资料和交易数据,可以了解客户的投资周期、资产规模、赢利能力等信息。金融机构设计客户风险能力评估报告,对客户进行调查和分类。报告设计内容对个人投资者和机构投资者会有区别,而通常设计选项有财务状况(包括年龄、收入状况、资产状况)、投资期限、投资目标、投资知识与经验、投资意向与偏好。目前的要求是对以上的数据进行合理有机地整合,按照不同的风险要求和要素赋予不同投资者差异化的风险权重,然后根据特定的加权算法计算出不同的风险类型。整个流程就是一套数据建模的过程,可以通过系统自动化调取数据计算的方式完成客户风险承受能力分析。有些国家和地区为了确保金融机构了解客户义务履行,还会对了解客户程序有内部复核要求。公司管理层或独立人员对客户进行样本抽查,样本必须包括年长和低风险承受能力的客户,以保证其真实性、准确性、完整性。

3.客户的分类管理

对于客户信息的了解决定金融机构对其投资者类别的判断。投资者分类有法定分类和管理分类两种。法定分类是各国相关法规对投资者进行的法定分类。在适当性制度中,法定分类的意义在于对于不同投资者金融机构在履行适当性义务中亦有区别。客户管理分类是金融公司按照客户风险承受能力差异对客户进行的分类。管理分类意义在于投资者风险承受能力与产品风险类别的匹配。

各国和地区首先针对投资者自然属性、专业知识及财务状况对投资进行法定分类。如美国将投资者分为机构投资者和个人投资者。[①] 机构投资者包括三

---

① 参见 FINRA Rule 4512 (c)。

类：银行、保险公司、储贷协会及注册的投资公司；在美国证监会（SEC）注册或在州证券监督局注册的投资顾问；① 总资产在5000万美元以上的自然人、公司、合伙人、信托。当会员和从业人员有理由相信机构客户有能力独立评估总的风险或涉及某个证券交易和证券投资策略风险或者有理由相信机构客户对自己推荐的产品有独立判断能力时，可以不承担"特定客户"义务。欧盟始终贯彻金融机构针对不同类别的客户承担不同程度适当性义务的指导思想。欧盟《金融工具市场指令》（MiFID）把客户划分为零售终端客户与专业客户。专业客户指的是国家机关和金融机构等，如国家超级组织、央行、公共债务处理组织等。除合格投资者外，专业客户还包括与上述三大条件的任何两条相符合的组织，其总负债资金额度应不少于2000万欧元且自有资金不少于200万欧元。此外，其营业额净额也不得低于四千万欧元。同时此类组织在意识到本身无法对想要购买的银行产品进行有效管理与评估的时候，就能够申请得到零售客户的资格，从而得到更加牢固、可靠的保障。为了更好地保护投资者，很过国家立法在分类中设计了弹性的投资者升降级。因为在很多金融衍生产品面前，即便资金雄厚的组织或个人一样无法充分识别风险。此类可转化的投资者通常是非专业但资金雄厚的组织或个人。而另一方面，普通投资者（零售投资者）作为下一级向上一级转化时，为确保交易的适当，需要通过严格的测评和履行一定手续才能升级。除欧盟外，日本、香港、台湾等国家和地区都做出了类似的规定。其中，日本相关法规把投资人划分为两类，即专业投资人与一般投资人。当然，两种投资人形态之间的界限也并非完全不变，其中专业投资者在某些情形下也可以转化成一般投资人。此类包含的有上市公司、独立行政法人和隶属于政府的公司。② 它们在申请为普通投资者时，只需告知金融机构即可。在普通投资者中有一部分可转化为专业投资者的普通投资者。它们通常要达到交易经验、财务资金的标准后才可以向金融机构提出申请，并由金融机构审查合格后才可作为专业投资者。对于普通投资者向专业投资者的转化，日本是十分谨慎的。对于申请转为专业投资者的普通投资者有一定期限的考虑期，在此期间内，金融机构对其仍以一般投资人来看待。在香港地区，一般投资者和专业投资者的划分也被法律所确定。其中，专业投资人中的高资产净值投资者，主要为总资产达到一定金额的个人和非专业性公司，并不自动成为专

---

① 参见美国1940年《投资顾问法》（The Investment Advisers Act）203章。
② 日本《金融商品交易法》将投资者细分为四类：不可转为普通投资者的专业投资者、可转为普通投资者的专业投资者、可转为专业投资者的普通投资者和不可转为专业投资者的普通投资者。详见《金融商品交易法》第一章第31条规定。

业投资者。如果由持牌公司评定，除核实资产信息外，还须通过其购买投资产品种类、频率、时间以及对相关市场的风险认知来确定他们是否具有对相关产品和市场的投资经验及知识。如由投资者自愿申请被当成专业投资人来对待。而券商要提供给这些顾客相应的专业投资人风险和结果说明书，尤其要说明不向专业投资者提供哪些资料。客户需要签署一份声明书，声明其已被告知作为专业投资者的风险及后果，并表示希望被视为专业投资者。而且声明书需要每年确认一次，以确保客户持续符合规定。台湾将投资者分为专业投资者和非专业投资者。对于专业投资者中自然人的认定需要投资者书面向受托或销售机构申请。受托或销售机构在收到申请后，需对申请者进行合理调查，再做是否准许之判断。① 申请者需证明个人财力、交易经验和金融产品有关知识等，同时也应表明有意愿接受受托，或者销售单位接受专业投资者将免除之责任的要求。当专业投资者不满足条件时，可以向受委托或销售机构申请变更为非专业投资者。②

  金融机构按照风险承受能力对客户分类的过程，也是其内部控制和客户分类管理的过程。金融机构对于初次开设账户或者首次购买金融产品的客户进行风险测评。对于已经有购买记录的客户，会根据 CRM 数据、交易操作记录的留痕数据和风险类型问卷调查测试内容综合评价客户的风险承受状况。风险承受能力评估的指标有：年龄、风险偏好、投资的目的、经验以及偏好、财务状况、预期收益、流动性要求、风险认识以及风险损失承受程度等。根据对客户风险承受能力综合评定的结果，将客户进行划分。有的金融机构分类较细，将客户划分为进取型、成长型、稳健型、保守型和保本型五类。有的金融机构分类宽泛，将客户划分为高风险承受能力、中等风险承受能力和低风险承受能力。对于评估结果，金融机构要告知客户，并由客户签名确认后留存。此种分类的意义在于销售人员在履行适当性义务时，能够有相对量化的分析作为销售的基础。譬如，在银行理财产品销售过程中，对于绝对保本型投资者，销售人员就不能向其销售非保本产品，如浮动收益和固定收益产品，而应该向这些投

---

① 参见台湾地区《境外结构型商品管理规则》第 3 条第 3 款规定，同时符合以下三项条件，并以书面向受托或销售机构申请为专业投资人之自然人：提供新台币 3000 万元以上之财力证明；或单笔投资逾新台币 300 万元之等值外币，且于该受托、销售机构之存款及投资（含该笔投资）往来总资产逾新台币 1500 万元，并提供总资产超过新台币 3000 万元以上之财力声明书；投资人具备充分之金融商品专业知识或交易经验；投资人充分了解受托或销售机构受专业投资人委托投资得免除之责任，同意签署为专业投资人。

② 参见台湾地区《境外结构型商品管理规则》第 22 条.

资者销售保本类的金融产品。在销售过程中，根据测评结果，销售人员在发现产品与投资者风险承担能力不匹配或无法判断时，不应推荐。

4. 客户信息定期更新与审查

当客户情况发生变化，有可能影响销售结果时，应当及时更新客户信息。此义务是了解客户的一项持续性义务。金融机构通常通过两种方式更新客户信息：一是由金融机构定期向客户回访和询问情况是否发生变化，并及时更新。例如，在美国，金融机构须构建定期回访制度，如亲访、电话访问等，从而及时了解顾客的业务和财务变更情况，确保顾客信息是最新的，还应做好顾客资产评估工作。加拿大投资业监管组织（IIROC）要求会员经销商定期询问并更新客户信息内容。当客户要求核查其投资内容时，他的客户经理也应询问客户信息是否发生变化。① 台湾地区规定要求证券商及时更新顾客的信息资料，应对其财务动态状况是其重点关注的对象。在顾客信息变更时，顾客的投资水平评估也相应发生变化；② 其中一种是由客户主动向金融机构提供变更的信息。加拿大投资业监管组织（IIROC）《了解客户和适当性指引》中规定，会员在为客户开户时，需除口头明确告知客户有义务将其个人情况的显著变化通知其投资顾问外，还将此内容写入开户表格中。此外，金融机构内部需要设定相应人员或部门对顾客资料变动状况进行核对，从而确保顾客信息的完整性、一致性和正确性。在美国金融行业，明确规定银行稽查人员须对顾客档案信息进行定期检查，以确保其一致性与完整性；台湾地区也有核验投资人投资水平和评估顾客资料的相关规定。对证券商而言，则须明确业务承办者之外的第三方工作人员来对顾客档案、信息资料进行核查，从而保障顾客信息的完整性、一致性以及准确性。③

此外，投资者必须如实向销售投资产品的工作人员提供自身准确的投资状况相关信息。很显然，这样会使投资者的个人隐私得到一定的暴露，使其更容易受到侵害，所以为保护投资者的个人隐私不受侵犯，许多国家（地区）都做出了相关的规定，即金融机构必须对投资人的隐私及其他相关资料进行保密。保密义务成为了解客户义务的保障性条件。只有保障个人信息不会被泄露的基础上，投资者才可能如实向金融机构提供个人信息。例如，在美国《金

---

① 参见 IIROC Notice 12-0109-Rules Notice-Guidance Note-Dealer Member Rules-Know your client and suitability Guidelines. [EB/OL].加拿大投资业监管组织官网．[2015-5-23]. http://www.iiroc.ca/industry/Documents/ScheduleA1_ TransitionRuleNo1_ en. pdf.
② 台湾地区《证券商办理财富管理业务应注意事项》第8条第3款规定。
③ 台湾地区《证券商办理财富管理业务应注意事项》第8条第4款规定。

融产品交易法》中明确规定，任何金融机构都有义务对投资人的个人信息进行保密，禁止利用个人隐私来谋求私利，也不得恣意泄露给他人。MIFID 规则也规定了销售金融产品的人对所得投资人个人信息具有保密的义务，且不可恣意将他人隐私泄露出去。此外，该法案亦规定了特殊状况，即当投资人的信息不合法的时候，则有义务披露给监管部门。当投资人准许其个人隐私被披露的情况下，也能够进行正当的披露。除了这两种情形，金融机构均应当履行保守投资人隐私、信息秘密的义务和责任。

(二) 了解产品义务

了解产品义务，又被称为产品尽职审查（Product due diligence），要求金融产品销售者（投资顾问）在推荐任何产品或向投资者进行投资建议前必须合理谨慎地了解该产品或投资策略，强调金融机构对金融产品的了解程度。

在金融市场销售过程中存在两个环节的信息对称：其一，金融投资产品的发行机构将产品信息发布给中介机构。其二，中介机构应为投资人进行产品说明。在这两个过程中，金融中介无疑是信息链环节的衔接点，成为投资者获得信息的重要渠道。金融机构在销售和推荐产品前，了解产品风险和回报，核实产品信息的真实性，是保证销售适当产品的前提。在实体产品销售过程中，了解所要销售的产品才能够针对客户需求推荐合适产品。金融产品亦是如此，而且金融产品为非实体性产品，产品信息成为评价产品质量的唯一对象，因而又被称为产品尽职审查。在金融市场日趋复杂、金融产品日趋繁多的今天，金融机构凭借专业能力，相对于购买者，对产品充分了解和风险控制更具准确性和可靠性。

域外对金融机构了解产品义务早有规定。美国全国证券交易商协会（NASD）明确规定，企业对预售金融产品做适当性分析前，要先严格审查其核心特性。新加坡《金融顾问法》规定投资顾问在向投资者销售或营销任何新产品之前，要进行尽职调查以确认新产品是否符合目标客户。[①] 此外，加拿大、英国等均有规定。其具体内容包括如下。

1.需要了解的产品信息

金融机构在销售或推荐产品时需对产品信息全面了解和掌握，不能推荐自己不了解的投资产品。金融创新中的金融产品多是金融衍生产品。金融衍生产品为基础证券的组合，有些甚至是衍生后组合产品的再组合。其复杂程度有时

---

① 参见新加坡财务顾问法 *Financial Advisers Act*（CHAPTER 110），Financial Advisers (Amendment) Regulations 2011.

对于专业金融机构都难以理解,更何况是普通投资者。如雷曼"迷你债券"并不是由政府或企业发行的向公众集资,然后按时向投资者还息还本的票据,而是衍生投资产品中的"结构性票据"。其抵押品又是一堆衍生工具,包括了抵押债务证券(CDO)和信贷违约掉期(CDS)等。而且每个系列的迷你债券结构和抵押品均不相同。总的来说,雷曼"迷你债券"是高风险复杂结构衍生工具。归纳起来,金融产品信息内容包括:产品特性和结构、产品风险、产品费用信息和有关当事人情况。产品特性和结构信息包括基础资产的性质、产品的结构和功能、杠杆率、产品的投资回报。我国香港证监会规定,基金经理在推荐给顾客理财产品过程中,必须严格审查和深入理解金融产品的基础特性和结构等。① 常见产品风险主要有流动性、衍生产品或结构化产品的基础资产风险、客户损失本金的可能性、价格波动等信息;影响金融产品风险因素包括投资者承担的成本和损失的可能性、流通性和禁售期、产品定价透明度、结构产品及基础产品相关市场或行业风险、政治和法律风险等;产品选择不同销售渠道,所产生的费用不同。所以,产品费用相关信息包括产品销售渠道、支付给公司或其他人的费用,如佣金、销售费、管理费、提前赎回费等;金融产品有关当事方情况主要是发行人的信用状况(财务状况和历史信用记录)、产品服务供应方的名誉、经验等,例如担保者、产品制造者和基金管理者的资质声誉和记录。美国全国证券交易商协会(NASD)在《关于审核创新产品的最佳实践》中详细规定了会员公司对新产品在发售前需审查和了解的产品目标客户、结构、功能等14项内容;② NASD在给会员通知03-71中,要求会员在销售非传统投资产品时需了解产品流动性、产品流通性以及在交易市场内商品的定价是否透明、担保品之价值和信誉如何、发行者信誉如何、交易对手信誉如何、利率、回报率、本金等相关风险因素及其原因、产品成本及其他费用、税费问题等。③ 另外,银行为深入了解金融产品,可以通过产品发行章程、发售通函、推广资料,还可以直接向产品发行人进行查询。而且投资顾问须用书面形式来说明投资产品相关信息如何查询以及相关标准等,同时说明为何觉得该产品该适合投资者。美国FINRA在适当性义务中称其为合理根据的分析,

---

① 参见香港《基金经理操守准则》第3章与客户进行交易条款。
② 参见陈岚,谢林:《全美证券交易商协会关于审核创新产品的最佳实践指引》,李昭华:载《证券市场导报》,2012年第11期。
③ Notice 03-71: NASD Reminds Members of Obligations When Selling Non-Conventional Investments [EB/OL].美国金融业监管局网站,[2015-1-19].http://finra.complinet.com/en/display/display.htmighlight=03-71#r2941.

即在了解产品的基础上分析产品对投资人适合的原因。香港地区证监部门规定，投资顾问要向投资人清晰明白地讲解投资商品的特性、价格、风险、市场状况等，并保证定时对产品进行认真审核。

2.产品评估

金融机构对产品的评估主要为了审查产品能否销售和对售前的产品风险进行了评级。加拿大和我国台湾地区对金融机构就金融产品的评估问题，既做了程序要求，又有内容的要求。加拿大 CSA（证券管委会）《关于适当性义务与金融产品》规定券商对复杂产品的评估不应仅仅依赖发行人的陈述或其他公司对该产品的评价，或是类似产品的评价。券商要独立客观地对产品的特性、结构、风险、法律及监管等进行评估。[①] 加拿大共同基金交易商协会（MFDA）对公司销售基金如何评估风险做出了明确、详尽的规定，企业对于产品的性质进行风险等级测评，例如产品流动性、产品风险性等。同样，这种评估需独立客观，还需随产品市场发生重大变化更新评估。

我国台湾地区法规规定证券业和银行业提供投资性金融产品或服务前需进行评估，划分风险等级，作为对投资者适合度的参考。银行业还需设立商品审查小组，对上架的投资型金融产品进行审查。[②] 对券商、银行对于结构型产品属性评估要素进行了详细规定：（1）评估及确认该结构型商品之合法性、投资假设及其风险报酬之合理性、交易之适当性及有无利益冲突；（2）就结构型商品特性、本金亏损的风险与机率、流动性、商品结构复杂度、商品年期等要素，综合评估及确认该金融商品的商品风险程度，且至少区分为三个等级；（3）评估及确认提供给客户的商品信息及营销文件、风险揭示的正确性及充分性；（4）确认该结构型商品是否限由专业客户投资。[③]

（三）适当推荐义务

1.适当推荐标准

在了解完客户和金融产品信息完后，金融机构需对信息处理进行匹配以求

---

① 参见 IIROC Notice 12-0109-Rules Notice-Guidance Note-Dealer Member Rules-Know your client and suitability Guidelines. [EB/OL].加拿大投资业监管组织官网. [2015-5-23].http://www.iiroc.ca/industry/Documents/ScheduleA1_ TransitionRuleNo1_ en.pdf.

② 参见台湾地区"金管会"《金融服务业确保金融商品或服务适合金融消费者办法》第9规定。

③ 参见台湾《证券柜台买卖中心证券商营业处所经营衍生性金融商品交易业务规则》第41条和《银行办理衍生性金融商品业务应注意事项》第18条。

投资人可以购买到最适合自己财务状况和经济实力的金融投资产品。对投资人而言，适当推荐义务可谓是其适当性义务中的重要义务。美国SEC与FINRA相关规定在履行这一义务所实行标准不同，适当性标准（Suitability Standard）和信义标准（Fiduciary Standard）要求不同，其实际履行效果也不同。

　　FINRA自律规范中要求经纪自营商、保险销售人员或其他金融公司代理人在销售和推荐金融产品时满足适宜性标准要求：了解你的客户和财务状况，推荐的产品适合他们的情况。适宜性标准说明的是券商要有合理理由相信自己的推荐是适合客户的投资需求、目标和其个体情况的。在这个标准中并未要求经销商要设身处地为客户利益着想。券商履行适当性义务，就实现了潜在客户的最佳利益原则。适当性标准要求交易成本不过度和推荐产品适合投资者。过度交易行为会违反适当性标准。过度交易行为指使客户付出更多佣金或者频繁在客户账户中进行资金往来，增加经纪自营商的收入。适当性标准中并没有严格要求经纪人必须披露潜在的利益冲突。投资是适合投资者即可，并不要求所有内容要与投资者的目的和情况①完全一致。

　　1940年的《投资顾问法》要求注册投资顾问遵守信义标准。SEC或国家其他证券监管机构要求投资顾问能够秉承客户利益最高原则遵守信义标准。法案中特别明确了信义的含义，而且规定任何投资顾问均要将客户利益置于个人利益之上。例如，禁止投资顾问在未给客户前优先为自己账户购买证券；禁止投资顾问为公司获得更高的佣金而让客户进行交易。这些意味着顾问必须尽力确保能够在掌握准确和完整信息并进行全面分析后，才可向客户做出投资建议。投资顾问要将客户利益置于第一位，需向客户披露任何可能出现的利益冲突。此外，投资顾问还要遵守最佳执行（Best Execution）标准，即投资顾问要努力使证券买卖到达最低成本和最高效的完美组合。② SEC对最佳执行的解释为经纪商依法需寻找最佳方法执行客户命令。为了达到这一要求，经纪商需要定期收集和分析收到的客户所有订单，用于评估竞争市场、做市商或电子通讯网络（ECNs）可能提供最有利执行的方式。经纪商在寻找客户指令最佳执行

---

① 客户情况包括客户年龄、其他投资、财务情况和需求、税务状况、投资目标、投资经验、投资时间范围，流动性需求，客户风险承受能力和任何其他可能会影响相关成员披露或建议的信息等。参见 Michael Chamberlain, Suitability or Fiduciary Standard? -It's a Big Deal. [EB/OL]. [2015-2-19].http://www.401khelpcenter.com/401k/chamberlain_401k_suitability_fiduciary.html#.ViHF0ROS3Dc.
② Ryan C.Fuhrmann Choosing A Financial Advisor: Suitability Vs.Fiduciary Standards [EB/OL]. [2015-1-19].http://www.investopedia.com/articles/professionaleducation/11/suitability-fiduciary-standards.asp#ixzz3jhvJkllZ.

方案时需考虑可以获得比现在更好报价的机会、执行速度和交易执行的可能性。①

根据美国证券立法，经纪自营商需要确认投资是否适合客户。而在信义标准要求中，投资顾问要考虑很多事项，如所用费用是否合理，投资是否多样化，有无利益冲突，是否符合信托法等其他规定等等。此外，顾问在推荐和销售产品过程中要以一个了解投资组合和投资的目的审慎、理性人作为评判标准。我们可以举例说明两种标准的不同：一个顾问认为甲基金适合客户。投资顾问所在公司拥有甲基金。如果客户购买，公司将会获得交易量5%的佣金和高额的年费。在另一个公司有相同的基金，如果客户购买，仅需支付交易量2.5%的佣金，或者顾问建议客户可以不支付佣金或较低的费用从其他公司购买基金。在适当性标准中，顾问可以卖出自己公司的高价基金。在信义标准中，顾问需要推荐最低交易成本公司，实现投资者利益最大化。很显然，信义标准提出更高要求，主要是防止经纪商转为做市商，为谋求更多利润而损害投资者利益的现象。信义标准要求投资顾问以投资者利益为第一位，即便出现利益冲突时，也要将投资者利益置于第一位。在投资者适当性制度中，我们强调金融销售机构售卖的产品符合投资者需求的同时，也需强调投资者利益最大化的实现。金融机构将投资者利益置于第一位、做好尽职和审慎的专业技术判断，不误导客户，公平完整地披露所有交易有关的重要事实，避免利益冲突。当出现不可避免的利益冲突时，金融机构需充分披露。国际上也做出了相关规定，在《有关销售复杂性金融商品的适当性义务》中提到，在向客户提供复杂金融产品销售相关的建议、提议或实施授权管理时，金融中介机构应最大程度上维护客户的利益的要求。金融中介机构至少应当从客户处获得开展适当性判定所需的信息，以及避免客户开展不恰当的交易。

2.匹配标准

若没有明确的标准，金融机构在销售或推荐金融产品时，不可能知道他们的建议是否合适；另一方面，当投资者遭受损失，没有标准，他们可能也无法判断金融机构是否有不当销售行为。设定产品与客户匹配标准，既可以减少客

---

① 参见 SEC 对 Best Execution 的解释，[EB/OL].美国证券交易委员会网站，[2015-2-17].http：//www.sec.gov/answers/bestex.htm。

户投诉数量,也有了申请赔偿的参量。① 各国或地区在考察金融产品是否与客户匹配时,通常设定标准不同。加拿大制定了《共同基金业协会适当性指引》,在该指引中明确规定金融机构在进行客户、产品匹配过程中,须参照这三大标准:其一,风险忍受度的适当性,即投资产品所具备的风险级别要在投资人可承受的风险范围之内;其二,投资目标的适当性,即判断交易或者投资与顾客投资目标是否吻合;其三,投资期限的适当性,即投资产品实际投资期限要和顾客预期期限相符。欧盟在《金融工具市场指令》中规定共有适当性、适合性两种评估方式。当投资机构提供给客户建议、服务时(所投资产品是复杂型金融商品),或投资机构主动提出交易一般金融产品时,必须进行客户适当性评估。投资公司进行适合性评估时,应当明确这三种交易标准:第一,与投资人投资目标相符合;第二,投资人可承受和投资目标相当的财务风险;第三,投资人具备基础知识、经验可较充分地理解投资管理、交易中可能出现的风险。金融机构进行适当性评估仅需考虑投资人对产品的理解状况,这种评估所关注的只是顾客的有关经验与知识,其他各项指标并不会被关注。② 相对于适合性评估,适当性评估要求相对要低很多。因此,它可以在对专业投资者时适用。

美国金融业监管局(FINRA)Rule2111规定的特定客户适当性,就是针对每个客户信息分析,并有合理理由相信所推荐的证券或投资策略适合特定客户。投资者共有四个基本概况内容:投资的经验和知识;承担风险的能力,如风险忍受程度,税务情况,流动性上的需求,财务需求等;投资预期以及投资目的。

中国台湾地区对金融商品的风险等级与客户的风险承受程度等级相匹配做出了详细可操作性的规定。台湾《证券柜台买卖中心证券商营业处所经营衍生性金融商品交易业务规则》中明文规定,当证券商提供给普通投资人结构型的产品交易相关服务时,须预先对其风险承受能力进行综合评估,可划分成至少三大风险承受级别。证券商应综合评估及确认结构型商品之风险程度,至少区分为三个等级;证券商不得向一般投资者销售超过其适合等级之结构型商品。只把金融服务、产品和投资者的匹配状况单一地界定为对应风险和投资者

---

① Blair H.Wallace.*A Proposal to refine the suitability standard by quantifying recommendation risk and client appropriate risk levels*.Financial & Commercial Law,1 Brook.J.Corp.Fin.& Com.L. 2006.pp231.
② 参见欧盟《金融工具市场指令》(COMMISSION DIRECTIVE 2006/73/EC)第35条规定。

承受风险的水平的匹配，是无法做到适当性匹配的。综合评价匹配指标，进行个体判断之后方可确保各种金融服务、产品和投资者相适应。其原因在于，一是投资者风险承担水平等级是基于对顾客财务状况，投资经验与知识、投资目标等信息上来对顾客进行类型划分的。这样虽然能够反映投资者的一些风险状况，却无法精确反映所有顾客的详细状况。毕竟不同的投资者，其基本状况也是不同的，就算是承受风险水平处于同级的投资者，在流动性需求、损失承担能力、投资目标和期限等方面也是存在差异的。因此，单凭风险承受程度这一项指标来界定顾客的风险承受状况是十分片面的。金融机构推荐或销售给投资者金融产品或提供服务时，要因人而异，不同情况给予不同考虑。二是伴随金融产品不断增多，金融产品风险透明度逐步降低，投资者选择性风险逐步加大。一般而言，金融产品结构呈现不同的复杂性，它们又会通过客户对于产品的收益状况、风险等的理解产生影响。在实践中，许多金融投资产品过于复杂，投资者甚至是金融专业人员都难以理解。雷曼迷你债事件就是金融机构将复杂金融产品（结构化债券、CDO 产品）推荐或销售给不适当的零售客户，而客户仅以产品名称判断，误以为购买的产品为债券。所以，在对投资者、金融产品或者服务进行匹配的过程中，尤其是那些结构复杂的产品，一定要从金融产品的各种特性出发，如流动性、投资期限、风险、性质等，深入了解投资者，根据投资者的基本信息进行有针对性的匹配，这样才能确保匹配工作的有效性与恰当性。

3.匹配方法

金融机构的匹配方法，每个金融中介机构因其内部业务运行方式不同，实际上是难以统一的。对于这方面的规定，多数国家（地区）只是将其作为金融中介机构内部风险控制制度的要求。具体的操作，往往体现在金融中介机构内部操作或业务规则中。英国金融服务监管局（FSA）要求投资公司制定投资选择流程，作为内部控制机制。投资公司通过自动化工具进行标准化的初次资产配置。对自动化匹配工具匹配出的不适合客户的投资选择进行复查。投资组合管理人应按照客户的具体情况对配置结果进行调整。如果投资组合管理人拟对配置结果做出超过所允许的限制范围的调整，那么所配置出的新的投资选择需要获得投资者和管理者批准。通过这种操作方式，以求满足客户的最佳利益。

（四）警示义务

当金融机构推荐的金融产品具有不适当性时，金融机构有义务向投资者披露该事实。按照代理理论和信义理论,当客户与金融机构形成信义关系或者代理关系时,代理人或者受托人均须提供给被代理人、委托人受托事宜中的相关信息。金融机构推荐的证券若具有不适当性,根据代理理论,金融机构应当知道顾客作为被代理人希望得到不适当性通知。招牌理论要求的公平公正交易原则也要求金融机构应当披露所推荐金融产品存在的不适当性。因此,根据《美国1934年证券交易法》,不论券商是经纪商还是自营商,都应当承担这种不适当提醒义务。

当客户的需求与金融机构评定的客户意愿和能够承担的风险相冲突时,金融机构应与客户进行细致沟通和讨论。金融机构应当提醒客户注意金融产品或服务与其投资目标、财务状况、风险容忍度和承担损失的能力不匹配的情形,还应向客户解释做出其他替代性投资选择的影响——例如节省更多资金、减少花费、延迟退休或承担更多的风险。尤其当顾客选择比他承受风险的能力要高的金融产品、服务的时候,金融机构须向其解释追求更高投资回报的需求无法实现。如果客户能够承担更高的本金损失并在与金融机构讨论后愿意承担更高风险以获得更高回报,金融机构应当记录客户意愿并能够承担更高风险及其原因。

在非推荐购买情况下,即便券商没有推荐,也需承担警示的适当性义务。按照招牌理论和公平原则要求,当顾客购买的证券非券商推荐,尤其是当券商知道或应当知道顾客对证券和证券市场并不熟悉的情况下,应当警示投资者。券商是证券领域的专业人员,往往对各种证券的风险非常了解,通常又掌握了客户的基本信息状况,例如投资目标、财务状况、资产状况、承受风险的程度与水平等,因此,根据信义理论和招牌理论,券商在知道或应当知道一个没有经验的不成熟顾客购买非券商推荐的证券具有不适当性时,在执行交易前应当负有警告顾客不适当性的义务。[①]

(五) 其他适当性义务

1.保存记录

为了更好地履行适当性义务,方便日后检查与更新,许多国家与地区要求金融机构保存适当性销售记录。通常保存的记录包括三类:一是了解的客户信息资料;二是保存放弃或请求作为专业投资者对待的记录;三是适当性执行或

---

① Joseph A. Grandest, "The Future of United States Securities Regulation: An Essay on Regulation in an Age of Technological Uncertainty", St. *John's Law Review*, 2001 (4).p 106.

交易凭证。这三类信息通常是金融机构确定适当性执行的依据和记录。英国要求金融机构在向零售投资者推介金融商品后,应当将推介流程和过程记录下来。其中应包括特定客户的投资需求,投资机构按照客户信息而推介的产品、服务的适当性缘由,以及此产品可能带来的负面影响。该适当性记录要存留5年以上作为外来存留查档的依据。荷兰、澳大利亚也均明确规定,要求金融机构提供给客户的所有投资建议、观点都要被详细地记录下来。例如在澳大利亚,法律要求建立金融投资产品的推荐说明表;荷兰要求准确记录推荐产品的凭据及其他必要信息。欧盟证券监管组织认为,金融主管部门须规定证券公司将对顾客所提供的产品投资建议及所用金融工具如实而详细地记录下来。在保险行业,德国规定国内各保险公司要将全部推介事项和推介依据记录保存。在美国,大部分地区的保险组织都认为应当创造出一整套可供查阅的推荐适当性记录,且要存留此记录10年以上。但是,假如顾客拒绝提供个人信息,或者所提供的信息不够准确、不够完整,则保险公司无需履行此义务。我国香港地区证监会要求投资顾问在对客户推荐产品的过程进行书面的强制留痕,甚至要求所有金融衍生产品销售机构应对整个销售过程进行录音并留存备查。除了留痕之外,香港与台湾均对了解客户程序有复核要求,要求公司管理层或独立人员对客户进行样本抽查,样本必须包括年长和低风险承受能力的客户,以保证推荐和销售过程的真实性、准确性、完整性。

2.推介方式适当

在金融产品的营销过程,为达到销售目的,金融机构的营销者会通过各种营销手段如电话、口头面对面交流、传真、广告等方式,进行引诱投资者发出要约的预备行为,实为要约邀请。在日本,法律将这一行为界定为投资劝诱,即为了达成某一目的而采取各种手段来鼓励、激发、引导目标对象行为的过程。[①] 日本对金融商品销售业者的推介方式有细化的规定。金融商品销售业者在进行商品推介时,应当事先制定引导推介行为的方针并公开。在推介方针中应明确推介的方法、时间等内容。同时,禁止采用胁迫、高压销售、疲劳轰炸等不适当的推介方式。在推介时间上应为被推介人日常工作生活时间[②],防止销售人员不停地通过电话等方式联系顾客,进行高压销售,对顾客日常生活造成影响,甚至影响顾客自主选择的权利。因此,当被推介者已经明确表达不愿

---

① 〔日〕川口恭弘:《金融商品取引法与行为规制》,载《金融法务事情》,第1799号,第29页,转引自杜怡静:《日本金融商品交易法中关于金融业者行为规范》,载《台北大学法学论丛》,2007年第12期。

② 参见日本《金融商品销售法》第8条。

意接受产品、拒绝缔结合同时，金融机构不应再向顾客进行推介。①

3. 老年投资者特殊保护

日本是全世界老龄化程度最高的国家。截至 2013 年 10 月，日本 65 岁以上老年人口占全国总人口的 1/4。据日本厚生劳动省调查，由一名老人照顾另一位老人的"老老护理"家庭，已经超过了日本家庭总数的一半。② 美国同样面临着老龄化问题。在美国，70 周岁以上的老年人至 2030 年将会达到 7000 万人。届时，基本上 5 个美国公民中便有一个人是老年人。对老龄投资人来说，他们风险承受能力对比其他投资人而言更弱，且投资知识普遍匮乏，必须借助自身的固定收入来维持生计的老龄投资人对通货膨胀比起在职的投资人更加敏感。因此，在适当性制度中需要特别的保护。

在日本，75 岁以上的老年人和借助固定工资收入生活的人，如保险金、退休金和养老金等，是商品期货领域中期货公司谨慎招揽的客户。75 岁以上老年人成为客户，需要满足几项条件：一是即使蒙受损失也不会造成生活困难的范围内明确能够用来投资的额度；第二，应当让老年人深入了解金融产品的交易风险、结构、过程等，要对他们的投资能力进行严格而科学的判断；第三，在细致的审核之后进行交易，交易员应实时跟踪老年客户的资产状况，同时要和他们进行沟通确认，切不能诱导他们把用于晚年生存的资金拿出来用在投资上。

美国 FINRA 制定了法则 2111，对投资人的年龄状况进行了新的规定和说明。实际上，在 2007 年 9 月，该组织便颁发了有关老年投资人的管理监督通知，要求会员必须严格履行对他们的投资适当性义务，而且要十分重视相关的服务。但美国 FINRA 并未单独针对老龄投资人颁布专门的适当性原则和规定，只是要求当会员履行这项义务的时候应当重点考虑顾客的生活阶段、年龄等因素。各个年龄阶段的投资人，在投资目标、税务状况、风险承担水平、投资期限上是不同的，且是动态变化的，老年投资者相对其他类型投资者风险承受能力更弱。会员需根据实际状况，实现收益、成本和风险的相对平衡，还应将一些投资产品的潜在风险详细地讲解给老龄投资人。

此外，金融机构要注意交易方式的适当性，保证交易过程也应适合客户，不能够为了获取交易佣金而使客户过度交易。

---

① 参见日本《金融商品销售法》第 38 条第 4 款、第 5 款。
② 田泓：《超老龄化重压日本》，载《人民日报》，2015 年 7 月 21 日第 22 版。

二、投资者的权利和义务

(一) 交易知情权

金融投资者拥有知情权，这项权利对比其他的权利而言，是保障金融消费者合法权益的最根本的前提。在金融市场中，投资者与金融机构处于天然信息不对称地位，适当性义务就是为了保护投资者交易知情权。投资者享有及时从银行等金融机构得知与产品、服务相关的完整、准确而真实的信息的基本权利。在投资者适当性制度中，投资者知情权主要包括以下内容：一是信息知情权，即投资者获得真实而准确的信息，不被金融机构所误导。在金融产品交易过程中，投资者可真实知晓自己的风险承受能力，同时也可通过金融机构在销售和推荐过程中的如实披露信息，了解金融产品风险等级及其他相关信息。二是准确得知交易信息的权利。在交易过程中，金融机构销售人员应该运用通俗易懂的语言向客户介绍产品情况，解释相关专业信息，负有投资者教育的义务，而不应当故意使用隐晦或专业难懂的词汇，造成投资者做出错误判断。事实上，不少金融机构在利益的驱动之下，为了占据更多的市场份额，会凭借其信息优势等，在向消费者推销新产品或者自营产品的时候利用信息不透明，在产品陈述等销售环节上故意规避风险，进行虚假宣传、陈述片面等，对消费者造成误导。三是及时获取交易信息的权利。信息具有时效性。当金融产品不符合投资者风险承担能力时，应当及时告知投资者。此时及时既包括交易时评估结果不适合，还包括当投资产品市场发生变化，金融销售人员也需及时告知，以便投资者第一时间做出决断。四是公平获取交易信息的权利。在投资者适当性制度中，投资者无论职业、年龄、社会地位、财力状况都享有信息知晓的权利。

(二) 自由选择权

在各种金融产品的销售和推荐过程中，金融投资者与金融机构是一个缔约的过程。无论契约内容是什么，投资者都有自由选择的权利。在不违反法规的前提下，投资者可以根据愿意选择购买哪种金融产品、在哪个金融机构购买，以及购买的时间、方式等。投资者自由选择权利是投资者个人意志的体现。金融机构在履行了解客户义务中，就需要了解客户的投资目标、期限。金融机构不仅要了解，而且应当根据客户愿意进行推介，而不是为了赚取更多中介费用，替代性地推荐其他不适当的金融产品。如投资者欲在银行存款。银行职员极力推销和劝说一种理财产品，并介绍这一理财产品风险低、年收益律高于同期存款利息，导致投资者转而购买该理财产品。实际该产品属于高风险，结果造成投资者损失。这种因金融机构不当销售行为而给投资者决策带来的误导，损害了投资者自由选择权的事例屡见不鲜。

（三）公平交易权

《消费者权益保护法》第 10 条规定公平交易权，指当接受服务或者购买产品时享有的和生产经营商之间的公平交易权。其中包含有计量准确、价格合理和质量保障等权利以及拒绝产品经营者强制性买卖等权利。其核心为消费者用特定数目的货币来换取与之价值同等的服务或者商品。金融产品投资者的公平交易权是金融机构交易过程中公正、平等、诚实信用地对待投资者，投资者能够获得与其支付的货币按照一般的观念在价值上是平衡的、相当的金融产品和服务。

在金融产品消费领域，因为金融商品交易是一种无形货币贸易服务，随着网络技术的发展和金融衍生工具的创新，金融交易的无形性、复杂性和虚拟性特征愈加突出，使投资者更难以甄别其品质好坏很难。投资者购买到自己满意的产品，就是获得所支付货币价值相当产品的具体体现。如何保障投资者公平交易权利，使其购买到满意的产品。这就是投资者适当性制度欲解决的问题。适当性义务是公正、平等、诚实信用的原则在金融交易领域的具体体现。对金融机构设定适当性义务，要求其利用自己的专业知识，对产品和投资者充分了解，并基于合理基础上保障投资者购买到适当金融产品。金融产品交易环节是金融机构实现中间交易环节指引性工具价值的环节，适当性义务无疑给金融机构提供了操作规范。

（四）损害赔偿请求权

投资者损害赔偿请求权是投资者合法权利受到侵害时，有权依法或合同要求加害人承担损害赔偿责任的权利,是投资者权利受损时权利的救济。投资者可以向监管部门申诉,也可以寻求司法救济。损害赔偿请求权是事后救济方式,也是投资者权利保障的方式。在金融领域,根据损害赔偿请求权发生的原因,损害赔偿请求权包括:因侵权行为而享有的请求权、因违约而产生的请求权、因法律的特别规定所产生的请求权。若金融机构不依法履行适当性义务导致消费者合法权益受损,则投资者享有损害赔偿请求权。法学争论金融机构违反适当性义务的行为是侵权行为、违约行为还是缔约过失行为。如果为侵权行为,首先肯定金融机构承担的适当性义务是法定义务,投资者要求金融机构依法担负侵害其合法权益的责任。假如是违反了合约,那么金融机构所担负的适当性义务是约定义务,金融机构需承担的是违约责任;若为缔约过失行为,则金融机构承担的适当性义务是先合同义务,金融机构需承担的是缔约过失责任。无论将金融机构违反适当性义务的行为定性为何种行为,必须肯定的是金融机构违反适当性义务,给投资者带来利益损失,投资者享有损害赔偿请求权。

(五) 信息告知义务

在金融机构向投资者了解信息时,投资者应当如实告知相关信息。事实上,这一义务相对于金融机构来说是对其了解客户义务的配合。但现实中很多客户出于个人隐私等多方面原因,不予提供或怠于提供相关信息,有的客户甚至提供虚假信息。比较各国和地区的立法,投资者拒绝提供相关信息会可能会造成两种结果:一种是金融机构适当性义务的免除。此种状况之下,由于投资人购买了不当金融产品、金融服务而蒙受损失的,则由投资人自行承担相应损失,而金融机构无需担负相关的责任与义务。金融机构享有合法权利,可以根据投资人所提供的个人信息来做出适当性的判断。其中不包括金融机构知晓投资人所提供的片面的、不正确的或者过时的信息。然而,银行等金融机构是不可鼓励客户不予提供进行适当性判断所需必要信息的。美国和欧盟国家持此种立法观点。在美国保险领域,通常会要求保险公司销售保险产品的时候,如投资人具备下属一些状况,则金融机构就无需履行适当性责任和义务,具体包括:第一,投资人拒绝向金融机构提供必要的个人信息。第二,投资人不按照金融机构所给出的推介来交易。第三,投资人所提供的信息不准确、不完整。欧盟地区金融行业明确规定,金融机构须履行警告义务,也就是说假如投资人不予提供或者片面提供金融机构做投资适当性判断的必要信息,则金融机构就要对该拒绝提供或虚假提供信息行为予以警告。缺少正确的客户信息，金融机构是无法对他们的投资行为做出适当性的判断的，因此进而无法确定某些金融服务、产品对该投资人适合与否。警告要以书面形式来进行。英国在 MiFID 框架下，进行了更详细的规定。英国明确规定了金融机构所提供的服务种类：第一，金融公司推荐给客户金融产品或者服务时，客户拒不提供必要的信息；第二，投资人所提供的有关信息不够准确、完整，以至于金融机构难以对其投资行为进行适当性的判断时，则金融机构就要以书面形式来警告投资人，同时表明相关的缘由；第三，假如金融机构只是执行客户的指示，或者只传递客户所递交的交易订单，则投资人就不用提供有关的信息，金融机构应当向客户发布通知，同时表明自身无需履行适当性评估义务的缘由。另一种是金融机构有权拒绝与客户交易。日本规定在金融机构无法获得信息时拒绝与客户交易；巴西、法国区分服务种类，规定在金融机构无法获得信息时，除单纯执行客户交易指令外，应拒绝与客户交易。

当投资者提供的信息不完整、不正确，金融机构如果明知其信息不准确，就应当劝说其提供真实信息。若金融机构无法知晓而又基于不准确信息为投资者提供金融产品，其交易结果将由投资者自己承担。

三、自律组织监管权

（一）规则制定权

自律组织为了本组织的正常功能和活动得以实现，在设立之初会有一整套的自律性规则。该规则可以使得自律组织自身的运行更加合理、有序，也能对自律组织的会员单位产生特定的约束力。这些自律规则可以大致分为以下几种：第一个是原则性规定，既协会和会员的章程；第二个是通行的行为准则，其中既有职业道德又有行业特别的行为伦理要求；第三个是有关惩罚的规定，是对不符合自律规定的会员单位进行处罚的标准和程序；第四个是争端解决机制，只针对会员单位之间的有关争议，规定争议的解决流程及相关问题。适当性义务规则在自下而上式立法模式国家，其规则制定源于会员权利让渡。正是此种规则得到广泛认可，才上升为强制性法律规范；而在自上而下式立法模式国家，其规则制定源于行政授权，是国家出于保护投资者目的，授意于自律组织制定相关行为的准则。但无论采哪种立法模式，适当性义务规则都是行为规范。作为代理人就应当为被代理人利益尽力行事和作为商品销售者应当诚信公平对待客户，不应欺诈，是适当性义务来源的商业伦理道德。从规则约束的对象来看，适当性义务规则为会员行为提供了行为标准和准则。自律性规范中的适当性义务规则相对于法规有天然的优势：一是其专业性表征，自律性规范制定者的专业背景为规范的执行提供有力保障。他们通过金融业更精准和专业化的语词表达适当性义务所指涉的意义；二是自律组织对会员和市场信息的优势，规范的制定可以更有针对性。自律组织对信息的收集、整理和反馈都较国家更具优势，使规则亦会更贴近市场和会员需求；三是灵活性，自律组织的规则制定不像法律的制定和修改都需要严格的程序，但其具有约束力，在行业中普遍适用。在自律规则运行过程中，可以根据市场和行业的变化进行修正，也不会影响法律的权威性和社会结构的变化，而且所耗成本较低。

（二）监察与纪律处罚权

自律组织因其设立具有利己性，往往会遭受社会质疑。自律组织必须确保它们及其会员的行为遵循法规、行业标准和道德规范。作为会员的服务和管理组织，自律性组织通过对会员的监督、指导，引导会员自觉遵守适当性义务相关法规。美国 FINRA 在 2007 年由美国证券业协会（NASD）与纽约证券交易所（NYSE）合并而来，对 NASD、NYSE 的会员进行监管，并兼有执法和仲裁职能。FINRA 基于风险导向（Risk based-Focus）、远距离监管（Regulation from a Distance）、电子报送（Electronic Filling）三大理念，定期对经纪自营商开展现场和非现场检查。FINRA 的现场检查周期为 1 至 4 年，对风险越高的公司检查周期越短，检查频率越高。同时，FINRA 还通过 7 大系统对经纪自营商执业情况进行非现场检查。"如果任何行动者不服从规范，必须对其施行惩罚，只有这样，规范方能行之有效。"[1] 香港联交所的主要职责是对市场日常的运作进行检查，工作内容有确保有关会员单位严格准守证券交易的相关法规。根据《交易所规则》第 430 条——"交易所可进行突击检查，及时发现问题并予以纠正"，交易所理事会中的专门委员会在被委任工作时具有制定规则的绝对权力，同时也可以对监管对象进行监管和发布指令。交易所监察部制

---

[1] 〔美〕詹姆斯·科尔曼著，邓方译：《社会理论的基础注册》，邓方译，北京，中国社会科学文献出版社，1999 年版，第 314 页。

作分析报告提交证监会法规执行部处理，证监会法规执行部可要求执法单位传讯涉嫌人及搜查证据。在自律性组织中，为了保障会员对法规和规则的遵守，必须设置处罚权保障制度的实施。金融业自律组织的纪律处罚的适用对象是特定的，处罚对象是会员组织及相关从业人员。如 FINRA 纪律处罚的对象是会员公司及其相关从业人员。东京证券交易所纪律处分的适用对象为交易参与者。香港联交所对交易所参与者和上市公司的违规行为可以给予纪律处罚。自律监管机构的纪律处罚权利源于自律组织与会员、上市公司之间的基础性法律关系——契约关系，交易所纪律处分权主要源于相关参与者的合意。事实上，即便协议中未明确的，自律组织亦可基于法律和自律组织规则对其行为进行处罚。适当性制度是对交易市场金融产品交易行为的规制，因此自律组织纪律处罚的对象为从事交易的银行、券商、基金公司、信托公司等。纪律处罚与行政处罚不同：前者处罚主体为自律组织（行业协会和交易所），后者权力主体为行政机构；自律组织纪律处罚主要是制裁违反自律规则的行为；行政处罚制裁违反社会秩序管理方面的法律规范的行为；行政处分制裁违反职务规范和与职务有关的规范的行为；自律组织对违法违规行为采取警告、谴责、罚款、暂停或撤销会籍或从业资格等自律措施。自律组织的社团罚侧重于声誉罚和资格罚，认为此种惩罚对于会员和上市公司的声誉和业界的评价带来不利影响，这种处罚方式往往能够起到警示作用。金融机构对适当性义务的违反，根据行为性质的严重程度，可能会受到不同的处罚。如果行为比较轻微，并未造成恶劣后果，可能会受到纪律处分。对于情节严重造成恶劣后果的金融机构，就要面临行政处罚。投资者可以通过向自律组织投诉和举报其会员的违规和违法行为，寻求权益的保护。当金融机构对于纪律处罚不服时，可以向社团申请复审，也可以向法院提起行政诉讼。

四、金融监管机构监管权

（一）法规制定权

法规制定权指国家行政机关依法制定法规、规章和其他规范性文件的权力，亦称为行政立法权。行政立法权源于两种方式，即议会的委任和宪法的直接规定。在三权分立的国家中，立法权属于国会所享有，行政部门制定规章的权力则来源于议会的授权，行政机关立法权从属立法权。[①] 美国1934年《证券交易法》创设证监会SEC，是一个集立法、执法和准司法联邦监管机构。在欧洲的大陆法系国家中，职权立法权是直接由宪法所规定的。例如著名的《魏玛宪法》，其第四十七条就赋予了德国国家元首的紧急命令权。该法规定可以通过紧急令任命总统和取消公民基本权利；又例如1958年法国宪法规定，凡不在其宪法第34条列举的属于法律规范以内的事项，都可以由政府的特别条例加以规定。我国现行《宪法》89条、90条、《立法法》56条、71条规定了职权立法权。除法律绝对保留事项，行政机关是可以立法的，其制定的规范性文件一般低于立法机关制定的规范性文件。

许多国家和地区在金融行政立法中对投资者适当性义务进行规定。这些规定实质是金融监管机构在行政管理过程中的职权性行政立法。在立法内容中，金融机构不仅规定适当性义务内容，还规定当特定的金融机构不履行该项义务时，由什么机关去实施什么处罚、受处罚人在处罚过程中的权利义务，等等。这是金融机构执行性立法权的体现。所谓执行性立法权，相对于创制性立法权，这种立法不会设置新的权利义务关系，而是通过制定执行性的行政法规和规章，对已有的法律法规加以具体化。

（二）对金融机构日常经营监管权

金融监管机构对金融市场主体和金融交易进行监管。在投资者适当性制度中接受监管的主体既包括银行、证券公司、投资公司、信托、保险公司等金融机构以及金融机构的从业人员和管理人员，又包括自律组织。对于金融机构的监管主要针对金融市场上各种复杂或风险性金融产品的销售和推荐行为进行监管，尤其是不当销售行为。所谓不当销售行为为金融机构向投资者销售不适合的行为。对于自律组织，金融监管机构主要对自律组织对会员执行投资者适当性制度的自律管理情况进行指导、监督和检查。金融监管机构对金融机构行使日常监管权的方式有现场监管和非现场监管。非现场监管（off-site regulation）又称非现场监测、非现场监控、非现场检查，是指监管主体对金融从业机构呈送的各种业务财务数据、报表、经营稳健中的数据，将其收集并通过特定技术方法计算、分析、评估金融机构的经营状况、风险管理状况和合规情况，

[①] 〔美〕伯纳德.施瓦茨著：《行政法》，徐炳译，北京，《群众出版社》，1986年版，第32页。

以发现风险管理中存在的问题,评价相关行业金融机构的风险状况。非现场监管主要包括合规性检查和风险性检查。合规性检查,主要是通过财务报表和其他资料的分析,检查金融机构各项指标是否符合审慎监管政策及有关规定;通过计算核实金融机构资金情况,核实金融机构是否遵循政策及其他规定。风险性检查,由金融监管机构选取一组或多组监管指标进行对比分析、趋势分析或计量模型分析,评测行业风险状况和发展趋势。现场检查是指监管主体工作人员直接进入金融机构营业场所进行制度审查、业务检查、风险评估的制度。通过现场检查可以有助于监管主体合适和排查非现场检查中所无法发现或不易发现的疑点与问题,从而达到全面、深入了解金融机构真实的经营现状和财务风险的检查方式。

按检查内容可将现场监管分为全面检查和专项检查。全面检查的主要内容有:业务经营合规性、业务经营风险性、财务收支与盈利水平和内部控制制度与经营管理检查。专项检查为金融机构就某项制度和指令的执行情况进行的检查。如果发现金融机构有违反适当性义务的线索,金融机构可启动调查处罚权。

(三) 调查处罚权

在投资者适当性制度中,当监管主体掌握并获悉了金融机构违反金融市场监管法规中适当性规定的线索后,可先进行调查。金融监管机构可以现场调查取证,询问涉事的投资者和金融机构及个人;还可以查阅和复制销售和推荐过程中金融机构留存的相关资料,包括客户信息记录、风险测评结果确认书、交易记录等。

在调查清楚的基础上,如果确属金融机构违反适当性义务,监管机构对违法者采取相应惩罚。在适当性制度中,监管机构在做出处罚决定之前,一般经相关利益方申请会经过听证和和解等前置程序。这些前置程序集中考察相关处罚做出的依据和程序,并对处罚的合理性进行评估。一旦这些前置性的程序得以完成,处罚就可以正式实施。处罚的措施包括:罚款、没收违法所得、责令改正、临时责令改正、谴责、限制个人或机构行为和业务、暂停资格、撤销注册资格、禁止担任上市公司高管和董事职务和市场禁入等。

第四章
违反适当性义务的法律责任

一、违反适当性义务法律责任的形式和内容

(一) 民事法律责任性质之讨论

投资者适当性制度原本是为调整券商与投资者两个平等主体间的法律关系，弥补契约之不足。无论对投资者适当性制度的理论基础的分析还是金融机构与投资者的法律关系性质的分析，都透射出适当性义务的私法属性。金融机构需承担违反适当性义务的民事责任，已形成共识。但对于民事责任的性质仍存在争议。

1.缔约过失责任说

缔约过失责任说认为适当性义务是依照诚信原则金融机构承担的先合同义务，该民事责任为缔约过失责任。[①] 先合同义务是在合同缔结过程中，双方当事人互以诚信之态加入缔约。先合同义务具有这样几种法律特征：第一，义务主体特定，为缔约合同的双方当事人。先合同义务保护的是缔约过程中相互形成的信赖关系。正如德国法学家耶林在《缔约上过失、契约无效与不成立时之损害赔偿》一文中所述一样："法律所保护的并非仅是一个业已存在的契约，正在发生中的契约关系亦应包括在内。否则，契约交易将暴露在外，不受

[①] 王锐：《个人理财案件中的商业银行适当性义务研究》，载《人民司法》。2013 年第 11 期。

保护。缔约一方当事人不免成为他方疏忽或不注意的牺牲品。"[1] 第二，先合同义务属于法定义务。先合同义务是法律强制性义务而非当事人的约定义务，其产生与消灭都不会依照当事人意志发生任何改变。法定义务指法律（广义）的强行性规范或禁止性规范所设定的义务。而且法定义务不仅包括法律明确的具体义务[2]，还包括未具体明确规定的抽象义务。通常这种法律规定的抽象义务为概括性兜底条款，其法律依据多为相关法律原则。如我国《合同法》中关于缔约过失责任第 3 款规定，有其他违背诚实信用原则的行为；第三，先合同义务是当事人双方在缔约过程中需承担的信用义务。先合同义务开始于要约生效后。先合同义务主要是对信赖利益的保护，所以通常认为要约生效后，对要约双方产生约束力，进入特定信赖关系。先合同义务终于何时，学界有两种观点。一种认为义务终于合同成立时[3]；另一种观点认为合同终于合同生效时[4]。某些合同成立后但未生效，在此阶段双方仍然负有先合同义务。因为在这个阶段，缔约双方当事人形成了相互信任，依照诚信原则并负有努力使合同生效的义务。如果基于前一种观点，合同成立后尚未生效前的先合同义务排除。因此，合同生效时先合同义务终止更为合理。那么适当性义务是否为先合同义务？第一，其本质与先合同义务相同，都在保护特定当事人之间的信赖利益。适当性义务是金融机构与投资者之间的信赖关系。相对于先合同义务，适当性义务有其特殊性。一是这种信赖关系的产生，如本文在投资者适当性制度的理论基础中分析的，其源于金融机构与投资者之间的特殊法律关系，如代理关系、信义关系和金融机构的专业招牌；二是义务主体为单方承担的。先合同义务是合同双方当事人承担。适当性义务是处于专业和信息优势地位的金融机构对投资者承担的法定义务。因此，从理论分析，适当性义务与先合同义务实

---

[1] 王泽鉴：《民法学说与判例研究（一）》，北京：中国政法大学出版社，2009 年版，第 88 页。

[2] 合同法第 39 条的规定为例：采用格式条款订立合同的，提供格式条款的一方应当遵循公平原则确定当事人之间的权利和义务，并采取合理的方式提请对方注意免除或者限制其责任的条款，按照对方的要求，对该条款予以说明。第 60 条第 2 款规定：当事人应当遵循诚实信用原则，根据合同的性质、目的和交易习惯履行通知、协助、保密等义务，都为法律明确具体法定义务。

[3] 参见李国光主编：《合同法解释与适用》，北京：新华出版社，1999 年版，第 181 页。

[4] 参见陈丽萍，黄川：《论先契约义务》，载《中国法学》，1997 年第 4 期；姜淑明：《先合同义务及违反先合同义务之责任形态研究》，载《法商研究》，2000 年第 2 期；范军：《论先合同义务与相关合同义务之关系》，载《复旦学学报》（社会科学版），2006 年第 1 期。

际上是特殊与一般的关系。

从中国现有立法层面来看,《合同法》第 42 条列举了缔约过失责任的三种法定情形：假借订立合同,恶意进行磋商、故意隐瞒与订立合同有关的重要事实或者提供虚假情况和其他违背诚实信用原则的行为。适当性义务其实可以适用法条陈述的后两种情况。金融机构在销售和推荐金融产品时,负有了解客户、产品和适当性推荐的义务。在销售和推荐的过程中,金融机构要将客户本身的投资能力、风险承受能力、产品的风险等级以及为何推荐该款产品都应当如实告知投资者,并对投资者不适当投资有风险告知的义务。这些情况都是决定能否签订合同的重要事实。金融机构刻意隐瞒,或者通过各种暗示甚至明示的方式让投资者提供个人错误信息导致测评不真实的行为都是对适当性义务的违反,同时也是先合同义务的违反。当然,投资者要求金融机构因违反适当性义务而要承担的缔约过失责任时,需要证明：金融机构存在违反适当性义务的过错行为；此种过错造成信赖利益损失；缔约过错行为与利益损失之间存在因果关系。当认定金融机构违反适当性义务,需承担缔约过失责任时,投资者可以要求损害赔偿。本章下节司法判定中将会结合案件做更为详尽的分析。

缔约过失责任说缺陷在于并不能解释适当性义务全部内容。如在金融机构向投资者推介产品时,对推介行为的要求和金融产品销售后仍需对客户信息定期更新,和产品市场发生变化时及时通知与告知的义务。前者产生于要约生效前,后者产生于合同生效后。所以由于适当性义务中信赖关系的特殊性,其义务内容实际上比先合同义务在时间面上更长。

2.违约责任说

违约责任说认为,双方当事人约定适当性义务为合同义务或者在合同中约定适当性义务时,金融机构对适当义务的违反就构成违约责任。① 法定义务是不能约定免除的,金融机构与投资者在合同中约定适当性义务内容是不能排除义务的承担。契约自由是民法基本原则,只要契约内容不违法,当事人享有充分意思自由。当金融机构与投资者将适当性义务约定为合同内容,并对违约责任进行约定,可从其约定。在理论上,适当性义务由法定义务转为当事人的约定义务是可以的,但现实情况是,金融机构通常与投资者签订的金融销售合同和服务合同为格式合同,双方不存在协商的过程,投资者往往阅读过后确认签字。甚至有些投资者见到内容繁琐的合同,只是听信金融机构的介绍就草草签字。作为提供格式合同一方——金融机构来说,如果没有法律的要求,更不可

---

① 张敏捷：《投资者适当性原则研究》,载《理论与改革》,2013 年第 5 期。

能主动在合同中增加自己的适当性义务的内容。再者，即便投资者有与金融机构协商的机会，处于信息地位和经济地位劣势的投资者，根本不可能通过平等的协商，约定金融机构适当性义务内容及违约责任。[①] 所以，如果意图让金融机构主动将适当性义务订入合同中，将其转为约定义务来保护投资者，可谓天方夜谭。

违约责任说还有一个支撑观点：适当性义务中，金融机构需对客户信息和金融产品的变化持续性予以关注和更新，确保金融产品适合投资者。此时适当性义务属于合同的附随义务，对附随义务的违反需承担违约责任。附随义务有广义与狭义之分。广义的附随义务包括先合同义务、合同履行中的附随义务和后合同义务。狭义附随义务仅指合同履行中的附随义务，即合同履行中，为协助实现主给付义务，遵循诚实信用原则，根据合同的性质、目的和交易习惯而履行的通知、协助、保密等义务。违约责任说显然采用了狭义附随义务的观点，认为金融机构对客户信息和金融产品的变化持续性关注和更新是合同附随义务。主给付义务是金融机构向投资者提供金融产品或服务的给付。1991年美国 NASD In re Peterzell v.Charles Schwab & Co.的仲裁案中，仲裁员裁定尽管 Charles Schwab 公司最初履行其适当性义务，但并未保持任何持续性监管原告的适当性。与此同时，原告变的与投资产品不合适，也与自己的虚假陈述有关。适当性义务是一个持续性义务，因此仲裁员基于公平理念，判定 Charles Schwab 公司承担原告近30%的损失。毕竟，客户信息的更新和金融市场变化的持续关注，并不是适当性义务中的核心内容。适当性义务主要目的是在合同生效前，让投资者选择到最适合的产品。更何况，一般情况下除了金融机构应当及时更新客户与产品信息外，客户本身也需要及时、如实将个人情况的变化告知金融机构。如果投资者仅以金融机构未及时更新信息和持续性评估为由，提起违约之诉，是难以获得赔偿的。

3.侵权责任说

侵权责任说认为，金融机构违反适当性义务，给投资者造成损失，是对法定义务的违反，应当承担侵权责任。适当性义务是法定义务，而非约定义务。金融机构对适当性义务的违反，就是违法行为。鉴于我国还未有法律明确规定适当性义务，其进一步指出"法定义务"里的"法"不仅限于"法律"。还包括当代中国法的各种渊源，如宪法、法律、行政法规、地方性法规、经济特区的规范性文件、特别行政区的规范性文件、特别行政区的法律法规、规章等。

---

① 周友苏，罗华兰：《论证券民事责任》，载《中国法学》，2000年第4期。

此外，法的渊源还包括国家政策。① 而且，法定义务不限于具体法定义务，还包括抽象的法定义务。② 关于侵权责任的构成要件，学界主要有"三要件说"和"四要件说"。"三要件说"认为侵权责任构成要件包括：主观过错、损害事实、行为与损害事实之间的因果关系③；"四要件说"认为侵权责任构成要件包括主观过错、行为的违法性、损害事实、行为与损害结果之间存在因果关系④。此外还有"五要件说"、"六要件说"和"七要件说"。⑤ 不同学术观点区别的关键在于行为是否违法，除三要件说否定行为违法性外，其他几种学说都肯定行为的违法性。如果我们肯定三要件说，否认行为的违法性是侵权行为的构成要件，那么适当性义务是否为法定义务就没有什么讨论的价值了，而需

---

① 《民法通则》第 6 条之规定：民事活动必须遵守法律，法律没有规定的，应当遵守国家政策。

② 参见陈洁：《证券公司违反投资者适当性原则的民事责任》，载《证券市场导报》，2012 年第 2 期；胡伟：《投资者适当性制度民事责任探析》，载《广西社会科学》，2013 年第 2 期。

③ 王利明教授认为违法性不是侵权责任的构成要件。其原因在于：其一，即使法律没有明确规定某种行为违法，但由于行为人具有过错，也可能要承担侵权责任。其二，在过错责任中，即便许多侵权行为具有违法性，但是，违法性要件一般可以被过错要件吸收。因为，违法行为本身即表明行为人主观上存在故意或者至少有过失的过错。特别应当注意到，增加违法性要件，将使受害人的举证变得更加困难，增添了受害人救济的障碍。王家福教授提出：在很多情形下，证明了行为的违法性之后，行为人的过错便不证自明。反之，若已证明行为存在过错，则再证明行为的违法性便是画蛇添足。此外，高富平教授也主张过错吸收违法性。综上，没有必要把违法性作为一般侵权行为的构成要件。参见王利明：《侵权责任法研究》，北京：中国人民大学出版社，2010 年版，第 300-301 页；王家福：《中国民法学·民法债权》，北京：法律出版社，1991 年版，第 461 页；高富民：《民法学》，北京：法律出版社，2005 年版第 671 页。在立法实践中，法国、意大利、葡萄牙等法国法系国家采用三要件；德国、前苏联、日本和瑞士采纳四要件说。参见孔祥俊，杨丽：《侵权责任要件研究》，载《政法论坛》，1993 年第 1 期。

④ 参见孔祥俊，杨丽：《侵权责任要件研究》，《政法论坛》，1993 年第 1 期；杨立新：《侵权法论》，吉林：吉林人民出版社，2000 年版；张新宝：《中国侵权行为法（第二版）》，北京：中国社会科学出版社，1998 年版，第 189 页。

⑤ 五要件说，认为侵权行为构成要件包括行为、侵权权利、故意或过失造成损害及因果关系；六要件说，认为构成要件包括归责性之意态、违法性之行为以及因果率；七要件说，认为构成要件包括主观与客观两类，其中主观要件包括意思能力和过错；客观要件包括自己的行为、权利的侵害、损害的发生、因果关系和违法。参见王泽鉴著：《侵权行为》，北京：北京大学出版社，2009 年版，第 189 页；史尚宽著：《债法总论》，北京，中国政法大学出版社，2000 年版，第 267 页；胡长清：《中国民法债编总论》，北京：中国政法大学出版社，1997 年版，第 142 页。

要讨论的是金融机构的过失、损害事实和两者因果关系。另一方面，也不需要再进一步讨论适当性义务在我国今后的立法中是否要以法律明确具体义务。三要件说否定违法性，主要理由在于：一，过错已包括违法性；二，司法实践中违法性要件往往被法官忽视；三，违法要件的不确定性增加了受害者权利救济难度；四，中国现行法律未肯定违法性是侵权责任的构成要件。事实上，我们分析三要件对违法性否定的观点，都未否定违法性要件的客观存在性，而是认为违法性在侵权责任构成中是否未必要构成要件。其默认的是，侵权行为的违法性是客观存在的，但是非独立存在。过错客观化后，使其与行为违法的交叉，让三要件说学者认为过错可以包括违法。主观过错本是行为人主观对行为的心理状态。但是由于主观过错是行为人心理状态，对于司法判案很难界定，于是在 20 世纪 60 年代后客观过错理论逐渐发展起来，并在 80 年代司法界确认了客观过错判断标准，即通过对行为的判断标准决定是否有过错。如法国以一个理性人的行为标准判断行为人的主观归责性。结果违法，指行为人个人意志支配的行为，让他人绝对权受到侵害，即为违法。行为违法，又称为举止不法，行为无需造成危害结果，只要行为本身违反法律之规定，即为违法。结果违法强调侵权行为责任的填补性。行为违法性的判断也仅以行为为判断对象，与客观过错的判断相同。因此会有过错包括违法一说。通过分析我们可知，客观行为判断是对行为人主观心态的可罚性的判断，不能够就此替代主观过错。违法性与过错仍属两个不同概念。司法中未对违法性提及，因为行为违法性往往显而易见，相对来说，过错、因果关系在责任认定时难以确定，而不能因此否定了违法性。我国侵权责任法第一条中明确侵权责任是为保护民事主体的合法权益，换言之，对合法权益的损害是违法行为。违法性彰显的是法对行为的否定性评价，彰显着行为的可责难性。因而，违法性是独立性概念，是侵权责任构成之必要要件。当然一方面为保障受害人权利，对于违法性中"法"，需做多元化解释。以法的渊源与形式，可将法区分为形式法律与实质法律。前者仅指国家制定的实在法；后者除制定法外，还包括法律的基本原则、法官所做司法解释和判例等，甚至还包括公序良俗和社会行为规则等。作为违法的判定，也就包括对法律保护权利具体规定的违反、对法律保护权利一般性规定和原则性规定的违反三个层面。所以，适当性义务亦以法定义务界定，再判定金融机构行为是否为侵权行为。由于适当性义务是一个相对具体内容，所以对适当性义务的违反应是法律保护具体规定的违反。

在司法实践中，金融机构违反投资者适当性义务的民事责任也更多被认定为侵权责任。在美国，投资者要进行相关的私人诉讼，需依照与适当性义务规则相关的美国证券交易委员会（SEC）Rule10b-5反欺诈条款。私人进行诉讼要证明的事实不是被告违反了全国证券交易商协会（或者其他自律组织）的适当性义务规则，而要证明其违反10b-5规则，内容包括：（1）存在虚假陈述、漏报或者其他欺骗行为；（2）被骗而购买或出售证券；（3）被告故意（包括直接故意和疏忽大意的故意）；（4）虚假陈述和漏报的是实质性事实；（5）原告对其有合理的依赖；（6）由于误解造成损失。[①]中国台湾地区《金融消费者保护法》第9条[②]适当性义务规则是对金融消费者的保护性法律。《台湾民法典》第184条第二款是对侵权责任的规定："为违反保护他人之法律，致生损害于他人者，负赔偿责任。"投资者可依照"民法典"第184条和适当性义务规则提出诉讼。中国现未有对违反适当性义务民事责任的规定，就理论分析和现有司法实践来说，中国将该责任纳入侵权责任最为合适。一方面中国现有法规已明确适当性义务是金融监管范畴中的公法义务，如果采缔约过失责任理论势必扩张对先合同义务的界定，也会忽略适当性义务是金融机构因其专业知识和信息优势而单方承担的特殊性；另一方面，中国在对金融交易市场的另一不法行为——虚假陈述案件的司法审理中，将其责任认定为侵权责任，无不对适当性义务民事责任案件提供有利参考。

（二）行政责任之考量

要使金融商品销售者履行适当性义务，就必须对违反适当性义务的金融商品销售者采取强制措施。许多国家或地区均一致规定对违反适当性要求的金融商品销售者进行一定的行政处罚。金融监管机构强制措施的手段一般是由轻（限期改正）到重（停止许可），方式上包括行为罚（停止全部或部分销售）和财产罚（罚款或罚金）两种。当然各国会根据本土资本市场规制需求来规定不同得处罚强度和方式。如日本《金融商品交易法》规定的行政责任根据金融机构违反适当性义务的程度由轻到重。其第43条规定，主管机构对于金融业者从事违反适当性原则推介行为的，应要求金融业者限期停止、改正违法行为或采取必要的整改措施；期限届满金融业者仍未停止、改正违法行为或未采取必要的整改措施，主管机构须继续限期命令其停止、改正违法行为或采取

[①] Platsis v.E.F.Hutton & Co., 946 F.2d 38, 40 (6th Cir.1991).
[②] 中国台湾地区《金融消费者保护法》第9条规定：金融服务业与金融消费者订立提供金融商品或服务之契约前，应充分了解应充分了解金融消费之相关资料，以确保该商品或服务对金融消费者之适合度。

必要的整改措施,并按次连续处以二倍到五倍的罚款,直至其停止、改正违法行为或采取整改措施;情节严重的,责令限期撤换负责人或受雇人、停止全部或部分业务,甚至废止其许可。① 韩国《资本市场统合法》对于违反适当性义务的金融业者规定相对单一,只规定了资格罚未规定财产罚。其第63条规定,违反适当性原则的金融投资业从业者,应当承担停止全部或是部分业务并解雇或免职其职员等行政处罚。② 美国SEC对违反者可签发责令改正令,还可根据券商违反适当性义务的主观心态、对他人的损害,决定是否并处罚款和返还违法所得等处罚。如果被处罚人不执行或未按标准执行责令改正决定,可被行政法官判处民事罚款。③

二、投资者适当性中投资者权利救济机制

(一) 投资者的民事诉讼救济机制

1.反欺诈之诉

尽管适当性义务先关规则在美国行业自律规范中有详尽的规定,投资者也不能依照自律组织的自律性规范向法院提起私人诉讼。只有金融机构违反适当性义务的行为也构成1934年《证券交易法》第10条b款规定和美国证券交易委员会SEC10b-5规则规定的欺诈行为,法院才接受投资者的私人诉讼。《证券交易法》第10条b款规定:任何人直接或间接通过使用州际贸易的任何手段或工具、利用邮寄或国内证券交易所的设备,使用操纵性或欺骗性手段和方法,购买或出售在国内证券交易所登记注册的证券和没有登记注册的证券,其行为违反证券交易委员会SEC为了公共利益或保护投资者而必须适当地制定

---

① 庄玉友:《日本金融商品交易法述评》,载《证券市场导报》,2008年第5期。
② 朴真龙:《韩国资本市场统合法投资者保护法律制度研究》,上海:复旦大学,2010年硕士论文。
③ 马江河,马志刚:《美国SEC行政执法机制研究》,载《证券市场导报》,2005年第10期。此处民事罚款是美国SEC向法院申请的衡平救济。SEC申请法院对被告施以民事罚款。该项罚款一般在被告履行了返还非法所得的责任后再向美国财政部支付。

的规则和规章，均属违法。① SEC 根据《证券交易法》第 10 条 b 款于 1942 年制定 Rule10b-5，完善了证券反欺诈诉讼。Rule10b-5 规定：任何人直接或间接通过使用美国州际贸易的任何手段或工具、利用邮寄或国内证券交易所的设备，从事下列行为均为违法：（1）使用任何策略（device）、计划（scheme）或是技巧（artifice）进行欺诈；（2）对重大事实做出不实陈述或隐瞒必要事实，而此事实根据陈述时的情况，不告知会对于相对方产生误导；（3）在相关的证券买卖中，从事任何构成或可能构成欺诈的活动、行为或过程。相对于 1933 年的美国《证券法》第 11、14、17 条等明示诉权的规定，② 《证券交易法》第 10 条 b 款和 SEC Rule10b-5 给予投资者享有默示诉权（implied private right of actions），又被称为"默示赔偿规则"。证券领域的默示诉权的理论是只要行为人所实施行为违反了证券成文法，并对受保护对象造成了损害，即便没有明确违反此类禁止性规范的具体责任和受害者是否享有诉权时，受害方仍然有权提起诉讼。1946 年受理该案的美国联邦地区法院在 Kardon v. National Gypsum Co.案中首次确认了投资者的默示诉权。③ 事实上，这种诉权源于侵权的一般原理，所以在投资者因金融机构违反适当性义务进行的适当性诉讼中，

---

① 参见 1934 年《证券交易法》第 10 条是关于操纵性和欺骗性手段的规定：凡直接或间接利用州际贸易的任何手段或工具，利用邮寄或国内证券交易所的任何设备的个人，在下述情况下，均属违法：

（a）影响短期交易，或者利用任何关于购买或出售在全国性证券交易所登记注册的证券的防损命令，违反委员会为了公共利益或保护投资者而必须适当地制定的规则和规章。

（b）对于购买或出售在国内证券交易所登记注册的证券和没有登记注册的证券，使用操纵的和欺骗的手段和方法，违反委员会为了公共利益或保护投资者而必须适当地制定的规则和规章。

原文参见 15 U.S.Code § 78j-Manipulative and deceptive devices ［EB/OL］.康奈尔法学院网站，［2015-5-9］.https：//www.law.cornell.edu/uscode/text/15/78j.

② 默示的责任是指没有明确规定有关的诉权的存在，但是，往往根据反欺诈条款，法院认为受害人应当享有诉权。在作用上可以起到兜底条款的作用或者是一般性规定的作用。而明示的责任则对双方当事人的条件，归责原则，事实认定等都做了详细而具体的规定。如 1933 年美国《证券法》第十七条规定，任何发出销售要约或销售证券的人，直接或间接地从事下列行为，即为证券犯罪，只要具备以下情形之一，都可被起诉：进行策划、密谋或者设置圈套进行欺诈；对于在当时情况下必须记录的重大情况，做出不实陈述或隐瞒（而不是误导），借此获得金钱或者财产；从事任何欺诈或可能欺诈购买人的交易、执业或者其他商业活动。参见项益才：《论美国证券诉讼中投资者的诉权》，载《商场现代化》，2006 年第 466 期.

③ Kardon v.National Gypsum Co.69 F.Supp.512，514（E.D.Pa.1946）.

也是按照侵权责任构成举证的。

国联邦上诉法院 1978 年对 Clark v.John Lamula Investors Inc（JLI）①的审判，就是金融机构不适当销售行为的侵权案件。在该案件中，被上诉人 Clark 是 Mrs.Grupe 的继承人 Mrs.Grupe 是一位退休教师，与第二任丈夫离婚后获得 13.8 万美元。她打算将其中 10 万美元进行投资，预期获得每月 1000 美元的收益。上诉人 JLI 在与 Clark 在通过三个月的多次洽谈后，于 5 月底将自己花 9.436 万美元购买的可兑换债券以 10.525 万美元卖给了 Clark。仅此单交易 JLI 盈利可达 11%。一审中，陪审团认为 JLI 推荐给 Mrs.Grupe 的债券不适合（unsuited）其需求和投资目标，而且上诉人 JLI 是知道或者应当知道其推荐的产品是不适合投资者的。JLI 明知 Mrs.Grupe 会依照他的推荐购买债券。在交易的过程中，JLI 知道 Mrs.Grupe 如果不购买投机性证券是无法达到其 12000 美元的年收入的投资目标的，但是如果告知此债券的风险评级，Mrs.Grupe 就不会购买该债券。JLI 也没有为 Mrs.Grupe 考虑，未告知更适合她投资的产品。尽管 JLI 告知 Mrs.Grupe 购买的是信用债券，而且自己是做市商，但是陪审团认为 JLI 欺骗 Mrs.Grupe，未告知其他投资机会而且向她销售的证券价格过高。Mrs.Grupe 购买后当通过其侄子（一个投资顾问）了解到自己购买的债券信誉不好，于是要求 JLI 抛售这些债券。当 JLI 准备销售这些债券时发现 Mrs.Grupe 已经通过另一家经纪商亏损 2.9311 万卖出。随后，被上诉人认为上诉人行为违反了 1933 年《证券法》17（a）、1934 年 10（b）和 15（c）（1）、NASD 公平交易规则和普通法中的信义责任而提起诉讼。一审认为 JLI 故意向原告推荐不合适证券，违反了 SCE Rule10b-5 之规定，因而判定 JLI 需赔偿损失。JLI 不服提出上诉，二审法官维持原判，JLI 败诉。通常按照侵权理论，投资者如果要证明被告行为构成 Rule 10b-5 的欺诈行为需证明：（1）被告有欺诈行为；（2）被告明知却故意为之；（3）损失；（4）投资决策与欺诈行为存在因果关系。美国法院为减轻投资者的举证责任采用了"欺诈市场理论"基础上和"推定信赖"原则。"欺诈市场理论"认为，在有效的市场中，证券信息组合可以作用于证券市场价格。任何欺诈性的虚假陈述行为和漏述的信息，都会影响投资者的交易行为。投资者之所以投资是因为相信证券市场是真实的，证券价格公正，他没有须证明自己信赖了虚假陈述或其他欺诈行为而投资的义

---

① Clark v.John Lamula Investors Inc.583 F.2d 594，[EB/OL].美国审判公开网，[2015-5-9].http://openjurist.org/583/f2d/594/clark-v-john-lamula-investors-inc-j.

务。① "推定信赖"原则是由"欺诈市场理论"衍生发展而来的，即在反欺诈案件中，投资者因对证券市场的信赖进行投资，无需对投资决策与欺诈行为存在因果关系进行举证而推定存在。相反，被告如果要否认因果关系，需证明投资者的投资决策不是因对所提供证券信息的信赖。因而，一般而言，当原告根据"默示赔偿规则"提起诉讼需证明：（1）交易市场为有效市场；（2）被告有隐瞒或者不实陈述重大信息等欺诈行为；（3）被告欺诈行为使投资者做出错误判断；（4）原告在被告欺诈行为后、真相披露前进行了交易。在因金融机构违反适当性义务而引起的反欺诈诉讼中有其特殊性，案件中通常会有两个行为：被告不适当销售行为和被告的虚假陈述行为。销售者往往为了达到销售特定金融产品的目的，会隐瞒或者不实陈述证券的重大信息。但这两种行为都可以涵盖在 Rule 10b-5 规定的欺诈行为中。例如本案中就有 JLI 向 Mrs.Grupe 推荐信用债券和向投资者隐瞒其他投资信息两个行为。所以在此类案件中原告需证明被告有 Rule 10b-5 规定的欺诈行为和被告是故意的欺骗、操纵或者欺诈。

2.侵权责任之诉

日本 2001 年实施《金融商品销售法》规定金融机构内部需制定适当劝诱方针并公之于众，否则会被处以 50 万日元的行政处罚。② 由于《金融商品销售法》未明文规定金融机构违反适当性义务的民事责任，引起学界对适当性义务的争议。有的学者认为从《金融商品销售法》第 9 条③规定可以判断，适当性义务规则是金融机构内部控制机制，对规则的违反带来的是行政处罚，不存在民事责任。④ 有的学者认为适当性原则无法像说明义务有明确含义，该原

---

① 盛焕炜，朱川：《证券虚假陈述民事赔偿因果关系论》，载《人民司法》，2002 年第 11 期。
② 〔日〕伊藤进：《消费者法》，东京，日本评论社，2006 年版，转引自何颖．《日本金融制度改革的新趋势：加强金融消费者立法保护》，载《上海法学研究》，2010 年第 3 期。
③ 《金融商品销售法》的金融商品贩卖者劝诱行为之适合性规则第 7 条规定：确保劝诱之适正（即适合性规则）金融商品贩卖业者，在进行金融商品贩卖的契约劝诱之时，应尽力确保劝诱行为之适正性；第 8 条规定：劝诱方针之制定劝诱方针应明示记载下列事项：依劝诱对象之知识、经验及财务状况应予注意之事项；依劝诱方法及时段对劝诱对象应行注意之事项；与确保劝诱之适合性相关之事项；第 9 条规定：违反第 8 条第 1 款的规定，未制定劝诱方针的，以及违反同条第三款的规定，未及时公告劝诱方针的，处以五十万日元的罚款。
④ 杜怡静：《金融商品交易上关于说明义务之理论与实物上之运用—对连动债纠纷之反思》，载《月旦民商法杂志》，2009 年第 12 期。

则只能作为金融机构自愿遵守的原则。① 日本司法实务中认为金融机构违反适当性义务行为构成侵权。公元 2000 年 11 月 30 日，日本大阪地方法院针对对商品期货交易中不当销售行为案例②——原告为巴士公司职员，并无玉米商品期货的交易知识与经验，经过商品期货公司职员电话劝诱，投资者委托期货公司为其购买了玉米商品期货，法官审理认为，期货公司违反说明义务、保护委托人利益义务，不应为无交易经验的投资者进行商品期货交易，并根据民法 715 条关于雇佣人员侵权责任的规定③做出判决：本案交易违法，不能过错相抵，容许现金损害赔偿请求和辩护律师费用相关请求。关于金融机构违反适当性违法性判断，日本最高裁第 3 小法庭公元 2000 年 7 月 4 日期货交易判决例集中提出此类案件应该就一系列不法行为整体进行评价，并给予定论。在此类案件中包括如下不法行为：一是在劝诱阶段，针对无经验者劝诱、电话劝诱或是未就商品期货交易的机制（或策划）和危险性做出充分说明就开始进行交易；二是在继续交易阶段，在全权委托交易下，短期内进行多次反复进行买卖或进行不当套利；三是当造成原告损失后，被告不终止交易，而且继续交易，直至超出原告资金范围能力还扩大交易或是违背投资者实际意向继续交易，再是不等待投资者做出决定而自主决定。对于上述违法行为，金融机构都有可能承担相应责任。在认定损害赔偿时，多数法院采用过错相抵原则。

在韩国《资本市场法》颁布之前，金融监督委员会规则规定了适合性原则。④ 学者对适当性义务相关民事责任也颇有争议。有的学者认为应遵循买者自负原则，即便有金融机构投资劝诱，也由投资者自己承担交易风险损失。⑤ 有的学者对金融机构违反适当性义务民事责任的争议焦点持违法性的判断。有的学者认为金融机构对适当性义务的违反即为违法，在判断责任要件时无需再

---

① 〔日〕山下有信：《保险法》，东京：有斐阁，2005 年第 201 页，转引自于海纯：《保险人缔约说明义务制度研究》，北京：中国政法大学出版社，2007 年版。
② 期货公司过失补偿责任.判例时报 1745 号 110 页. [EB/OL].http://www.kokusen.go.jp/hanrei/data/2003.html.
③ 日本《民法典》第 715 条：雇佣人的责任，因某事业雇佣他人者，对受雇人因执行其职务而第三人的损害，负损害赔偿责任。但是，雇佣人对受雇人的选任及其事业的监督已经尽相当注意时，或即使尽相当注意损害仍可产生时，不在此限。
④ 详见韩国《营业行为准则编》第 3 章第 4—15 条：关于投资劝诱的规定。
⑤ 参见 Kim Taeg Joo《证券投资劝诱中的注意义务》，载《东亚法学号》，1999 年第 26 期；Jeong Jun Woo：《对证券业者不当投资劝诱行为的合理的规制方案》，载《比较私法》，2004 年第 11 期。

依据其他标准。① 有的学者认为法院在认定金融机构违反对适当性义务的法律责任时，还需以违反保护义务作为判断标准。② 韩国民法对于合同谈判阶段或者准备阶段发生的所有损害，都能依据侵权责任法律规定得到救济，不必通过缔约过失责任制度得到救济。③ 韩国司法将金融机构的不当劝诱认定为侵权行为。韩国大法院基于对投资者的保护，认为证券公司应对交易过程、方法、投资者财务和相关市场经验等进行综合判断后，再进行劝诱。此外，证券公司劝诱行为不应妨害投资者对产品风险做出正确判断，否则违反保护义务，应承担侵权责任。④ 在韩国《资本市场法》中明确适当性义务后，法院有因金融机构违反适当性义务而判定其承担民事责任。⑤ 在韩国 KIKO 合约案件⑥中，韩国法院将适当性义务作为诚信原则内容，依据诚信原则发生情事变更事由，解除 KIKO 合约。我国台湾地区也将其认定为侵权行为，追究法律责任。

（二）违反适当性义务非诉机制

投资者因金融机构不当销售行为遭受损失时，可以采取诉讼和非诉来维护个人权益。但往往诉讼程序复杂、耗时较长，而且诉讼结果也未必能够使其满意。金融纠纷的非诉讼机制，有其专业性、便捷性等特点，投资者如对结果不满意还可再提起诉讼。正因非诉纠纷解决机制的优势，使很多投资者更多选择非诉来解决此类纠纷。本文选择美国金融仲裁、英国金融申诉专员服务和香港金融调解这三种典型的非诉机制进行分析。

1.美国金融仲裁

金融仲裁指证券纠纷的各方通过仲裁协议的方式将争议提交中立的第三方仲裁机构裁决的争议解决方式。其产生于 1917 年的美国纽约证券交易所

---

① 参见李相喆：《关于证券买卖委托合同的几个法律问题》，载《证券交易的诸多问题（上）》，首尔：法院图书馆，2001 年版第 36 页；Kim Ji Hwan：《证券投资劝诱及适当性原则》，载《商事法研究》，2002 年第 5 期。
② 董新义：《论韩国违反金融适合性原则的民事责任》，载《证券市场导报》，2012 年第 1 期。
③ 梁彰洙：《合同缔结时的过失》，载《民法研究》，首尔，博英社，1993 年版第 386 页。
④ 董新义：《论韩国违反金融适合性原则的民事责任》，载《证券市场导报》，2012 年版第 1 期。
⑤ Son Young Hoa：《证券法适合性原则对保险商品销售劝诱的适用》，载《证券法研究（第 8 卷）》，三友社，2007 年版第 33 页。
⑥ 韩国 KIKO 合约是一种针对韩元汇率设计的结构期权产品。

（NYSE），是自律组织解决内部纠纷的一种机制。起初，法院是排除仲裁的效力。随着行业仲裁规则的统一和完善、联邦仲裁法的实施和日益增多的证券纠纷对替代争端解决方式的需求，联邦最高法院通过 1987 年违反 10b-5 规则的 Express, Inc. v. McMahon① 和 1989 年 Rodriquez de Quijas v. Shearson/Am. Express Inc② 两个判例，确立《证券法》和《证券交易法》中证券纠纷的可仲裁性，明确了证券仲裁的强制性和权威性。随后，美国的大多数券商都在与顾客的格式合同中加上了强制仲裁条款，证券交易所和金融业监管局成为证券仲裁的平台。③ 券商违反适当性义务的情况下，会承担行政责任和民事责任。相应地投资者一方面可以通过各州及联邦法院提起不适当推介反欺诈诉讼要求证券交易商承担赔偿责任；另一方面可依据与证券交易商签订的合同中约定的仲裁条款，向美国金融业监管局（FINRA）纠纷解决机构提出仲裁来维护自己的权益，还向 SEC 或者各州的证券监管机构申诉，要求给予券商行政处罚和制裁。伴随着金融仲裁的兴起，金融机构违反适当性规则的纠纷处理渐渐从法院转到行业协会设立的仲裁组织。而在 20 世纪 90 年代之后，金融机构违反适当性规则的的金融民事纠纷基本都通过仲裁解决。

  当事人依照仲裁协议将纠纷提交给仲裁机构，再由当事人选择一到三个仲裁员组成仲裁庭。仲裁庭的成员通过核定当事人申请仲裁的相关事项、组织听取双方的争议点、研究当事人提供的证词及其他相关证据，最终做出裁决。仲裁裁决与诉讼判决都是公正的具有权威性的机构依照一定程序做出的终局结果，而且对当事人都产生法律约束力。④ 金融仲裁相对于诉讼来说，具有的以下特点更有利于保护投资者：首先，仲裁的证据规则较为灵活，不必固守于联邦证据规则。联邦证据规则可以成为仲裁员判断证据可信度的参考。⑤ 这种举证规则可以大大减轻投资者的举证责任。其次，相对于诉讼而言，仲裁费用更为低廉，而且所花时间成本更为经济。更为利于投资者的是投资者可以获得的

---

① Shearson/Am.Express Inc.v.McMahon，482 U.S.220，234-40（1987），该案中联邦最高法院依据 1934 年证券交易法确认仲裁条款有效。
② See Rodriquez de Quijas v.Shearson/Am.Express Inc.，490 U.S.477，482-84（1989），该案中联邦最高法院依据 1933 年证券法确认仲裁条款有效。
③ Barbara Black & Jill.Gross, "Making it up as They go along: The role of law in securities arbitration", *Cardozo Law Review*, 2002（23）.p992.
④ 参见 Interpretations of Financial and Operational Rules. [EB/OL].美国金融业管理局网站，[2015-4-1].http：//www.finra.org/ArbitrationAndMediation/FINRADisputeResolution/.
⑤ 参见马其家：《美国证券纠纷仲裁法律制度研究》，北京：北京大学出版社，2006 年版第 213 页。

赔偿款额可以更高。① 投资者可以获得实际经济损失的赔偿，还可以要求金融机构退回交易佣金。对于恶意损害投资者利益的金融机构，仲裁庭可以裁定其承担惩罚性赔偿。再次，仲裁制度的设置使仲裁结果极具公正性，包括：仲裁员需要自行披露任何可能影响其公正仲裁的信息和仲裁庭的组成。无论是在公众仲裁庭或是全公众仲裁庭，仲裁庭成员中必须有非公正仲裁员。非公众仲裁员为具有专业背景的专业人士，可以协助公众仲裁员理解金融产品的性质、风险、收益等要素。② 在适当性纠纷解决中，公众仲裁员和非公众仲裁员相互独立又相互协助，公众仲裁员可以一个投资者角色对购买的金融产品是否适当做出判断，非公众仲裁人员可以在金融产品收益和风险因素方面提供支持，并保持独立仲裁。再是，仲裁庭可适用的法律依据可以为行业自律规范、联邦法、各州法规及衡平法。这样投资者在遭受损害时，可以寻求更多有利依据，进行自我保护。再次，在投资者适当性纠纷案件中，仲裁员会直接推定金融机构主观上具有不适当销售行为的故意或疏忽大意。在 2000 年的 Crooks v. Hilliard Lyons 案件中，仲裁员认为经纪人在推荐时，其专业背景是不应销售不适合投资者的金融产品，因此直接判定经纪人因不适当销售行为而承担了相应责任。③ 最后，仲裁结果具有一裁终局制的特点。因为仲裁条款是订约双方当事人意思自治的真实体现，仲裁结果可以很快得到实现。当然，仲裁也是有纠正机制的。美国法院可对仲裁进行司法审查。但为了保证仲裁的权威性，通常的司法审查内容主要为仲裁的程序是否公正，如仲裁员存在是否超越权限、漠视法律等行为。对于投资者来说，选择仲裁方式解决纠纷，既可以节省时间和金钱的消耗，又可以获得更有利的条件实现个人损害的恢复。

2.英国金融申诉专员服务（Financial Ombudsman Services）

金融申诉专员服务是兼有调解和仲裁两者优势为一体的替代性纠纷解决机制（ADR）。相对于调解和诉讼而言，出现较晚，但由于其良好的运作方式已被很多国家和地区所接受。据统计，现有 31 个国际和地区建立了金融申诉专

---

① 参见马其家：《美国证券纠纷仲裁法律制度研究》，北京：北京大学出版社，2006 年版第 5 页。
② FINRA 将一份记载 10 名主席资格的仲裁员分别提供给双方当事人，由双方当事人分别剔除最多 4 名仲裁员，至少余 6 名公众主席仲裁员并进行排名。FINRA 合并双方提交的名单后，选出排名最高的即为独任主席仲裁员。如果在合并名单上没有形成排名最高的仲裁员，或者仲裁员无法提供仲裁，将由 FINRA 用 NLSS（Neutral List Selection System，中立名单选拔系统）系统随机指定一名公众主席仲裁员。
③ Crooks v. Hilliard Lyons, NASD.Docket No.99-05493, 2000 WL 1930279 (Oct.27, 2000).

员服务体系。[①] 根据金融申诉主导机构组织形式的不同，可以分为公司型、政府机构型和财团法人型。英国的金融申诉专员服务（FOS）具有典型研究的意义，也被本国投资者和金融机构广泛认可。其发展经历了从分业型申诉专员服务到统合型专员服务的过程。在 20 世纪 80 年代，英国保险公司率先在企业内部组建保险申诉专员，以解决企业与投资者的纠纷。五年后，英国的银行业也成立了银行业的申诉专员。之后，金融申诉专员服务在投资业等其他金融行业展开，成为英国金融市场普遍适用的专门解决金融机构与投资者之间纠纷的一种机制。在 2000 年，伴随《金融市场服务与市场法》的颁布，英国统合了金融市场，与之相配套的是统一的金融消费纠纷解决机构——金融申诉专员服务（FOS）机构。英国金融申诉专员服务机构（FOS）是公司法人性质。它为投资者提供快速、便捷、专业解决金融纠纷的服务。而且具有独立法人身份的金融申诉专员服务（FOS）机构的服务运作不受政府金融监管机构的干涉，能够保持中立和公正性。

投资者在向 FOS 投诉金融机构的不适当销售行为前，须经被投诉金融机构在 8 周内先行处理。如果对投诉结果不满意，需在收到金融机构处理决定之日起 6 个月内可通过电话、网站、书信等方式向 FOS 投诉。针对金融机构未处理事件，投资者可以在发现所投诉事件之日起 3 年内或所投诉事件发生之日起 6 年内向 FOS 投诉。FOS 联络团队收到投资者投诉后，首先对投诉事件进行审查，若发现是金融机构未处理的事件，一律退回。若金融机构已经处理过，需对管辖权和时效进行审查。FOS 对于不予受理案件，也会再给投资者申辩的机会，并向其说明不予受理的缘由。对于因金融机构明显的不适当劝导引发的纠纷，FOS 联络团队中的消费者顾问可以自行处理。对于复杂无法处理案件，则交由负责案件处理的裁决员。裁决员在接到案件的时候，首先会调解并提供非正式的纠纷解决建议，以期促成双方达成和解。若双方无法达成调解协议，裁决员就案件以投资者选择的方式，或书面形式或电话通知形式做出评估意见。若双方接受评估意见，那么投诉就处理完毕。如果双方仍然对评估意见达不成一致，可要求案件交由申诉专员做最终裁定。申诉专员会对案件材料进行审核，还可根据需要进行案件的调查，但主要还是以书面审理为原则。在如实了解案情基础上，申诉专员依照公平合理原则做出书面的最终裁定。只要投资者接受最终裁定中认定的金钱赔偿金额，金融机构就必须执行。如果投资者对于最终裁定不满意，则可以向法院另行起诉。

[①] 中国人民银行，银监会，证监会，保监会联合调研组：《英国金融申诉专员制度》，载《中国金融》，2014 年第 4 期。

对于因金融机构违反适当性义务而遭受损失的投资者，选择金融申诉专员服务纠纷解决机制是极佳的选择。首先，程序的启动和终止都由投资者决定，不需要像仲裁机制的启动还需要仲裁协议。FOS 实质上成为投资者纠纷解决方式的安全网；其次，FOS 的裁决对金融机构单方自然生效。只要投资者接受裁决结果，金融机构就必须按照裁决结果赔偿投资者损失，没有提出异议的权利。如果金融机构不执行裁决结果，投资者还可以凭借 FOS 的裁决结果向法院申请强制执行。这种单方生效的机制，极大地保护了投资者利益。再次，FOS 的程序设计是"先调解再裁决"的模式，这样事实上让投资者获得更多纠纷解决的机会，同时也使案件得到最大限度的公正解决。最后，金融申诉专员都具有纠纷解决所需的金融市场和法律方面的专业知识，能够保障结果的公平。正是 FOS 具有方便、快捷、公正、专业和倾斜性保护投资者的特点，使其在解决投资者与金融机构纠纷时，成为投资者普遍选择的解决方式。

3.香港地区金融纠纷调解

2012 年 6 月中国香港地区成立金融消费者纠纷调解中心。金融消费者纠纷调解中心是一个非盈利机构，主要解决投资者与金融机构间的纠纷。在其设立前，香港设有"证券及期货事务监管委员会""金融管理局""保险业监理处和保险求偿投诉局"[①]，分别负责证券与期货业、银行业和保险业投资者与金融机构纠纷解决。这些金融监管机构可以调查纠纷事件中金融机构的服务和经营行为是否违规，但是不能裁定金融机构的赔偿，因为他们无权对受监管者就其与投资者间的金钱纠纷做出调解或裁决。[②] 在香港雷曼迷你债事件中，就是由"证券及期货事务监管委员会""金融管理局"处理投资者投诉，负责调查案件事实。金融消费者纠纷调解中心弥补这一空缺，可以受理获香港金管局及证监会发牌或受其监管的金融机构与投资者间的金钱纠纷。中心接到投资者的投诉后，由当日值班主任向其解答纠纷解决渠道与程序。之后，由投资者填写申诉表格，以向中心提出申诉。中心在接到申诉后，会收集资料，并邀请相关金融机构对争议事项做出回应。就调查结果，由金融消费者纠纷调解中心决定是否进一步调解。在调解过程中，由案件双方就调解员的选择达成一致后，再召开调解会议进行调解。若双方通过调解达成和解，则程序结束。若双方未能达成和解，申诉人可继续选择仲裁解决纠纷。仲裁结果是最终的，并对双方均有约束力。金融消费者纠纷调解中心是独立解决金融业投资者与金融机构间

---

① 香港保险求偿投诉局负责处理有关由香港居民购买的个人保单引起的各类纠纷投诉。其他保险业投资者纠纷由保险业监理处负责。

② 齐萌：《香港金融纠纷调解机制及其对大陆的启示》，载《亚太经济》，2013 年第 2 期。

的纠纷的专业化组织，设立目的明确，具有本土化特征。香港雷曼迷你债事件催生了金融消费者纠纷调解中心的建立。

投资者因金融机构违反适当性义务的纠纷争议往往不大，投资者也多愿意以这种简便、快捷、专业、低廉的方式解决纠纷。而且，如果投资者对调解结果不满意，既可选择仲裁，也可选择诉讼进行进一步维权。

第五章
我国投资者适当性制度的构建

一、投资者适当性制度的立法现状

（一）投资者适当性义务法制化模式的选择

中国资本市场有两大特点：新兴和转轨。"新兴"凸显资本市场的不成熟，确切地说，中国资本市场处于新兴市场发展的高级阶段。[①] 在这个阶段，投资者尚未形成理性投资理念，市场缺乏诚信文化。"转轨"说明这个市场形成是由计划经济转向市场经济，市场运行基础和运转框架不完善。在新兴市场中，政府为培育市场往往介入市场，自律监管也是由政府做制度安排。基于这个特点，中国金融市场缺乏产生适当性义务规则的基础。政府在鼓励金融创新的同时，又要防范金融风险。金融机构追逐赢利，不顾投资者个体需求和风险承受能力而肆意销售的行为不可避免，因而需要规范金融机构的销售行为。事实上，适当性义务规则在中国资本市场早在金融危机前就已凸显立法需求。2004年"金新信托兑付危机事件"[②] 促使银监会于次年颁布《商业银行个人

---

① 中国证券登记结算有限责任公司针对我国资本市场处于新兴市场何种阶段的研究成果 [EB/OL]. MBA 智库，[2015-5-28]. http://doc.mbalib.com/view/a4133c35d3555b2ebc071428cde973d9.html.

② 详见方亮：《金新乳品信托引爆信托兑付危机》，载《瞭望东方周刊》，2004年第7期。

理财业务管理暂行办法》①,初现投资者适当性义务法定化理念之端倪。金融市场中已出现需求,但因我国金融立法相对滞后和分业监管的缘故,在金融危机前未在证券市场进行投资者适当性义务的相关立法。金融危机后,我国证监会首先在创业板市场推行投资者适当性制度,之后陆续在股指期货、融资融券、中小企业私募债券等业务和领域中实行投资者适当性制度。

中国现行投资者适当性法制化践行了自上而下型的立法方式。为防范市场创新引发的风险,政府需对交易行为进行法律规制。投资者适当性义务规则作为规制金融交易中不当销售行为的一种机制,在境外取得保护投资者和防范金融风险的效果。中国证券市场自90年代以来,虽发展快速,但仍不成熟,证券市场无法自发形成自律性规则。因此,政府基于鼓励金融创新的需要率先在监管法规中明确了适当性义务,同时由自律组织制定更为详细和具体的操作规则。在法制化过程中,我们需要充分认识金融市场发展和监管现状,借鉴境外立法成功经验,建构适合本国资本市场发展需求的适当性义务规则体系,才能达到相应的立法效果。

(二) 多层次与多领域立法

1.多层次立法

2007年,在金融危机立法推动中,中国出于支持和鼓励金融创新的需要,学习和借鉴国外适当性义务规则立法,陆续在监管条例及创业板、股指期货等多种创新产品或服务中,设置了适当性义务规则。自2007年10月证监会颁布《证券投资基金销售适用性指导意见》至2014年年底,有关适当性义务规定和自律规则已有49项。现行投资者适当性规则涉及三个法律层次:一是国务院行政法规②;二是部门规章,主要是证监会颁布的若干规定③;三是自律性

---

① 参见《商业银行个人理财业务管理暂行办法》第37条。
② 参见《证券公司监督管理条例》第29条。
③ 参见2009年7月15日证监会颁布施行的《创业板市场投资者适当性管理暂行规定》;2010年2月8日《关于建立股指期货投资者适当性制度的规定(试行)》;2010年5月1日《关于加强证券经纪业务管理的规定》第3条;2011年1月1日《证券投资顾问业务暂行规定》第15、16条;2011年10月1日《证券投资基金销售管理办法(2010年修订)》第57—61条;2012年8月1日《证券公司客户资产管理业务管理办法》第40—42条;2012年10月18日《证券公司定向资产管理业务实施细则》第12、13条等。

规范，主要由证券业协会、期货业协会、交易所发布的业务指引和规范。[①] 由于立法主线不明，导致中国自律性规范中适当性义务规定内容交叉重复。例如，2012年证券业协会颁布的《证券公司投资者适当性制度指引》对证券公司适当性义务做了比较系统且细化的规定，基本上涵盖证券公司在销售和推荐金融产品和提供金融服务的法定义务。该规定与此前中国在创资产管理、融资融券、柜台交易、资产证券化、代销金融产品等业务领域的义务规则内容重复。在中国投资者适当性义务制度化过程中，不但存在法规和规则中义务内容相互交叉重复，还存在多次立法的现象。如仅创业板市场所涉投资者适当性义务规则有证监会发布《创业板市场投资者适当性管理暂行规定》《首次公开发行股票并在创业板上市管理暂行办法》两部规定和深交所发布的《深圳证券交易所创业板市场投资者适当性管理实施办法》《关于进一步推进创业板市场投资者适当性管理相关工作的通知》《创业板市场投资者适当性管理业务操作指南》和《会员持续开展创业板市场投资者适当性管理业务指引》四部自律性规范。多次立法会导致规则适用混乱，造成立法浪费，损害法律的权威性。

相对证券业，银行业和信托业立法相对较少，立法层次主要为银监会颁布的监管规范和银行业协会发布的自律规范。保险业投资者适当性的规定就更少，主要为监管法规中个别条款的原则性规定。

诚然，在中国推进金融创新过程中进行适当性立法，防范金融风险十分必要。但从中国立法现状看，主要存在法律位阶不高、因主线不明导致的立法过于散乱等现象。我们需立足于适当性义务性质，选择适当性义务立法路径，合理设置适当性义务内容，从而推进和完善我国适当性义务的法制化。

2.多领域立法

（1）银行业投资者适当性制度

中国银行业适当性义务规则主要集中在商业银行的个人理财业务，立法层次主要为银监会颁布的部门规章和其他规范性文件。2005年，银监会为理财顺利开展和保护客户的合法权益，出台了《商业银行个人理财业务管理暂行办法》（以下简称《暂行办法》）和《商业银行个人理财业务风险管理指引》（以下简称《指引》），用于规范银行理财业务活动。《暂行办法》第四章个人理财业务的风险管理中规定投资者适当性制度，集中于《暂行办法》第37条

[①] 参见2012年证券业协会发布的《证券公司投资者适当性制度指引》和《证券公司客户资产管理业务规范》；2013年中国期货业协会发布的《期货公司执行金融期货投资者适当性制度管理规则（试行）》。

之规定①，商业银行在为投资者提供理财顾问服务时推介的投资产品，需与投资者的风险偏好、认知能力和风险承受能力相适应。同时，商业银行还需对投资者的财务状况、风险承受能力进行评估并揭示相关的交易风险，解释相关投资工具的市场运作方式。商业银行应妥善保存有关投资者评估和顾问服务的记录，并妥善保存投资者资料和其他文件资料。从内容上看，该条明确了义务适用条件（在利用为投资者提供理财顾问服务②时推介投资产品），了解客户义务、风险提示义务和记录保存义务。《暂行办法》第54条对从事理财业务的银行工作人员提出了要求。在资格要求条款中，就蕴含了了解产品义务内容。商业银行个人理财业务人员基于个人的专业知识，能够理解和掌握所推介产品或客户咨询的产品特性，并对有关产品市场有所认识和理解。③ 第56条明确银监会及其派出机构的调查和检查权力。关于商业银行违反适当性义务的法律责任，《暂行办法》规定银行未按规定进行客户评估的，银行业监督管理机构可依据《中华人民共和国银行业监督管理法》（以下简称《管理法》）的规定实施处罚。④ 而《管理法》中并没有对此类责任的直接规定。《暂行办法》第65条对商业银行违反适当性义务的民事责任做了概括性相关规定，规定商业银行违反义务造成客户经济损失的，应按照有关法律规定或合同的约定承担责任。⑤《指引》在第二章个人理财顾问服务的风险管理第22条至第31条中进一步详细规定投资者适当性义务。在了解客户要求方面，除了解客户风险承担能力外，还要求双方确认签字客户评估意见；明确投资者需要分类管理；禁止银行主动向无相关交易经验或经评估不适宜购买该产品的客户推介或销售风险

---

① 《商业银行个人理财业务管理暂行办法》第37条：商业银行利用理财顾问服务向投资者推介投资产品时，应了解投资者的风险偏好、风险认知能力和承受能力，评估投资者的财务状况，提供合适的投资产品由投资者自主选择，并向投资者解释相关投资工具的运作市场及方式，揭示相关风险。商业银行应妥善保存有关投资者评估和顾问服务的记录，并妥善保存投资者资料和其他文件资料。
② 《商业银行个人理财业务管理暂行办法》第8条：理财顾问服务，是指商业银行向客户提供的财务分析与规划、投资建议、个人投资产品推介等专业化服务。
③ 参见《商业银行个人理财业务管理暂行办法》第54条第3款。
④ 参见《商业银行个人理财业务管理暂行办法》第62条第5款。
⑤ 参见《商业银行个人理财业务管理暂行办法》第65条，商业银行开展个人理财业务有下列情形之一，并造成客户经济损失的，应按照有关法律规定或者合同的约定承担责任：（一）商业银行未保存有关客户评估记录和相关资料，不能证明理财计划或产品的销售是符合客户利益原则的；（二）商业银行未按客户指令进行操作，或者未保存相关证明文件的；（三）不具备理财业务人员资格的业务人员向客户提供理财顾问服务、销售理财计划或产品的。

较大的投资产品；对于投资者坚持购买的，要签订风险提示文件。定期跟踪评估义务；银行建立内部调查监督，避免销售人员的错误销售和不当销售行为，同时制定相关制度接受并及时处理客户投诉。为了进一步规范商业银行理财市场秩序，2008年，银监会办公厅发布了《中国银监会办公厅关于进一步规范商业银行个人理财业务有关问题的通知》（以下简称《通知》）。《通知》中要求建立客户评估机制，切实做好客户评估工作。首次提出"了解你的客户"原则。对客户评估义务做了更细致的要求，一是要求针对不同的理财产品设计专门的产品适合度进行评估；二是要求需当面进行不得通过电话或网络进行。对商业银行内部的客户投诉处理机制也做了内容上的要求。客户投诉处理机制应至少包括处理投诉的流程、回复的安排、调查的程序及补偿或赔偿机制。2009年银监会就规范商业银行个人理财业务再次发布通知。在此通知中，最为进步的一点在于客户分类管理和销售，提出商业银行应将投资者划分为有投资经验投资者和无投资经验投资者，并在理财产品销售文件中标明所适合的投资者类别；仅适合有投资经验投资者的理财产品的起点金额不得低于10万元人民币，不得向无投资经验客户销售。[①] 第22条规定了法律责任，但仍然援用《管理法》，责任主体包括管理层、相关风险管理部门、内部审计部门负责人和销售机构。2011年8月，银监会发布《商业银行理财产品销售管理办法》（以下简称《办法》）是对销售全程的监管，包括产品设计、宣传推介、销售、办理申购和赎回等，销售的对象既包括个人客户也包括机构客户。[②]《办法》最大特点在于明确提出风险匹配原则。[③] 风险匹配原则是指商业银行只能向客户销售风险评级等于或低于其风险承受能力评级的理财产品。在该法第六章理财产品销售管理中，规定五个等级理财产品的销售起点和风险评估的程序要求。

总的看来，银行业投资者适当性制度是逐步完善的过程，主要集中于了解客户义务和客户的风险评估。值得一提的是，《暂行办法》第65条已经提出商业银行在违反适当性义务造成投资者损失时，依照其他相关法律规定会承担民事责任。纵然司法实践中此类案件很少，但已经打开投资者救济的可能性。虽然对于产品与客户匹配做了原则性规定，但由于缺少操作性，实践中往往难以落实。同时，对行政责任的规定不明，导致义务履行更多停留于签订风险揭

---

① 参见银监发［2009］65号《中国银监会关于进一步规范商业银行个人理财业务有关问题通知》第5条。
② 参见银监发［2011］5号《商业银行理财产品销售管理办法》第2条。
③ 参见银监发［2011］5号《商业银行理财产品销售管理办法》第9条

示书等各种书面形式的表面。

(2) 信托业投资者适当性制度

相对于证券业和银行业，信托业的适当性原则规定相对较少，体现于由银监会就信托公司从事集合资金信托业务和境外理财业务发布的通知。这两项业务属信托公司创新业务，风险较大，信托公司在业务中起主导作用。2004年，银监会发布《中国银行业监督管理委员会关于进一步规范集合资金信托业务有关问题的通知》要求信托投资公司办理集合资金信托业务时要了解委托人，并留存材料。① 2007年《信托公司受托境外理财业务管理暂行办法》第53条针对信托公司直接或通过代销机构向客户推介信托计划的情况，要求了解客户，揭示相关风险。第55条要求对有关客户评估和顾问服务的记录留存。信托业投资者适当性规则停留于原则性规定，要求信托公司在从事集合资金信托业务和境外理财业务时需承担适当性义务，内容主要涉及了解客户义务，并无了解产品、适当性推荐义务的内容，对于违反适当性义务的责任也没有规定。

(3) 保险业投资者适当性制度

保监会2000年发布的《投资连结保险管理暂行办法》第16条规定，禁止对客户误导、欺骗和故意隐瞒。其"误导"一词，有不当销售的含义，但当时在我国还没有投资者适当性的概念。2009年保监会发布的《人身保险投保提示工作要求》中对投资者适当性进行原则性规定，要求保险销售人员在介绍公司产品时，询问客户需求、经验、经济状况，根据客户背景、需求和现有保障程度、经济承受能力等情况推荐合适产品。同年发布的《保险从业人员行为准则》第13条也是适当性原则性的要求。2009年保监会下发的《关于进一步加强投资连结保险销售管理的通知》中不仅要求保险公司将投资连结保险销售给有相应风险承受能力的客户，而且进一步明确规定客户风险测评机制。② 对保险业关于投资者适当性制度的规定分析来看，适当性义务规定多停留于原则性的要求，缺乏可操作性。

(4) 证券业投资者适当性制度

①创业板市场适当性义务规则

创业板市场又称为二板市场（Second Board），是指针对规模较小、成立时间不长、盈利能力有限，但是具有高成长性、自主创新能力或高科技含量的中

---

① 《中国银行业监督管理委员会关于进一步规范集合资金信托业务有关问题的通知》第4条。
② 参见保监会2009年《关于进一步加强投资连结保险销售管理的通知》第1条和第5条规定。

小企业而设置的证券交易市场。如美国纳斯达克市场（Nasdaq）、香港创业板市场（GEM）、英国另类投资市场（AIM）、欧洲新市场（Euronm/EVRONM）、英国技术股市场（TechMARK）等。我国随着对创业板市场的认识和定位的深化，对该市场名称也发生着变化。证监会由2000年年初最初预设高新技术板块改为二板市场，最终于2000年7月确定为创业板市场。我国创业板市场设立的目的是为自主创新企业及其他成长型创业企业"提供直接融资服务。[①] 创业板上市公司一般属于初创期企业，规模小，业务不稳定，高科技产业化能力难以估计，新兴商业模式的市场化也难以预测，而且由于股本不大，更容易被操控和利用。所以，创业板市场属于典型的高风险市场，上市企业破产倒闭的可能性更大。例如，美国纳斯达克市场在1999年存在873家上市企业，但是到2000年第三季度则有300多家上市公司被摘牌。由于创业板上市企业规模偏小，经营风险较大，企业发展前景较难估计，同时由于上市门槛较低，进入较为容易，为此，各国一般都强化对于创业板市场的监督与管理。例如，在信息披露、保荐制度、公司治理、退市机制等方面，都会规定严于主板市场的相关内容，同时对二板市场交易过程也将采取更为严密与多样的监控手段。我国也在创业板最早全面实施投资者适当性制度。证监会于2009年6月30日首先发布《创业板市场投资者适当性管理暂行规定》。从发布目的来看，该规定主要为了防止大量散户盲目投资，涌进创业板市场。从内容上看，该规定主要集中于投资者准入制度和了解客户义务内容，并要求深交所订创业板市场投资者适当性管理的具体实施办法。次日，深交所发布《创业板市场投资者适当性管理实施办法》，主要是对投资者进入市场门槛做了详尽规定。该办法包括：就两年以上（含两年）股票交易经验的自然人投资者和不具备条件的自然人投资者对开通创业板交易的不同要求；会员对投资者风险揭示和引导教育工作；会员需建立创业板市场投资者适当性管理的具体业务制度和操作；会员指定专门部门受理客户投诉；交易所的监督检查和纪律处分措施。同年7月2日，深交所和中国证券登记结算有限责任公司（简称"中国结算"）联合制订了《创业板市场投资者适当性管理业务操作指南》，告知会员，中国结算将向证券公司提供客户交易数据的范围及统计口径，方便证券公司核实投资者交易经验，此外就客户开户要求提出更为详细的操作指南。2010年深交所发布《会员持续开展创业板市场投资者适当性管理业务指引》，主要内容为会员对投资者开通创业板市场交易、持续管理与服务、投资者教育与风险揭示以及交

---

① 参见2009年《首次公开发行股票并在创业板上市管理暂行办法》第1条。

易行为管理。在该指引中,首次提出客户信息持续更新义务。① 2012年深交所为了配合创业板退市制度的实施,再次发布《关于进一步深化落实创业板市场投资者适当性管理工作的通知》。该通知进一步提高投资者进入创业板市场,只有机构投资者和交易经验满2年且非保守型自然人投资者才开通创业板交易,强调会员对客户风险测评、开通交易、风险提示的记录和留痕义务。

中国创业板连续推进投资者适当性制度,主要采用三项措施:一是首先通过立法设定投资门槛,限定具有一定投资经验和资金的投资者进入市场,避免投资者基于羊群效应盲目参与创业板;二是加强对已进入创业板市场的投资者交易行为的管理,采用多种方式引导投资者理性交易;三是创业板退市风险的预警机制。一方面要求投资者了解创业板的退市风险。一旦出现退市,能保障持有相关股票的投资者及时了解退市信息。从前述规则分析可知,我国创业板设立投资者适当性制度主要内容包括:其一,了解客户义务。证券公司在接受客户开通创业板交易申请时,首先应通过询问等方式收集客户信息,包括客户身份、财产与收入状况和市场投资经验等相关信息,再分析收集的客户信息,对客户风险认知与承受能力进行测评,并将测评结果告知客户,作为客户判断自身是否适合参与创业板市场交易的参考;其二,投资者准入与风险提示。创业板市场最初规定交易经验未满2年的自然人投资者在签署《创业板市场投资风险揭示书》时,再抄录自愿承担市场风险的"特别声明"5日后,可以开通创业板市场交易。在2012年《关于进一步深化落实创业板市场投资者适当性管理工作的通知》颁布后,交易经验未满2年的新自然人投资者原则上不能开通创业板市场交易。创业板退市制度实施在即,对参与投资者的风险承受能力提出了更高要求。另一方面对于开户时和后期持续评估中不适合参与创业板市场交易的投资者,需进行风险提示,其三明确投资者的相关义务。客户应真实、完整地填写个人信息。对不配合适当性管理的客户,证券公司经劝导无效后,可以拒绝为其开通创业板市场交易。其四,要求证券公司妥善保管客户创业板市场适当性管理的全部记录,并依法对客户信息承担保密义务;此外明确会员应指定专门部门受理客户投诉,妥善处理与客户的矛盾与纠纷,同时规定了交易所对会员遵守和执行投资者适当性制度有关情况的监督检查职责。创业板市场投资者适当性制度实施后,市场参与者整体具备较高的专业水平、较强的经济实力和风险承受能力。从2009年至2014年深交所发布的《个人投资者状况调查报告》来看,创业板市场的投资者无论在预期收益的期望,还是风

---

① 深交所《会员持续开展创业板市场投资者适当性管理业务指引》第8条、第9条。

险承受能力，均高于非创业板投资者。2011年深交所发布的调查报告归纳出创业板投资者具有市场投资年限较长、资金雄厚、投资决策能力强等群体特征。①

②股指期货市场适当性义务规则

股票指数期货是指以股票价格指数作为标的物的金融期货合约。股指期货的流动性好，高杠杆交易更使得风险被放大，加之与证券市场的联动，交易风险具有多样性、广泛性、复杂性。因此，客观上要求股指期货的投资者应具有一定的专业知识和资金能力能够理性投资。我国于2010年推出沪深300股指期货合约和业务。为了防范股指期货市场风险，同年，证监会、金融期货交易所（简称"中金所"）、期货业协会（简称"中期协"）制定股指期货投资者适当性规则。2010年2月9日证监会发布《关于建立股指期货投资者适当性制度的规定（试行）》。② 在该项规定中首先明确投资者适当性制度的核心原则——把适当的产品销售给适当投资者。其次对期货公司和从事中间介绍业务的证券公司履行投资者适当性义务提出原则要求，同时授权中金所制定具体实施办法。最后就违反适当性义务的行政责任做出了相关规定。同日，中金所发布的《股指期货投资者适当性制度实施办法（试行）》③、《股指期货投资者适当性制度操作指引（试行）》，从可用资金、专业知识、交易经验和诚信记录四个方面详细规定股指期货自然人和法人投资者的准入要求④，同时明确了股指期货投资者适当性评估程序和自律监管措施。中期协制定《期货公司执行股指期货投资者适当性制度管理规则（试行）》中强调了解客户和分类管理为核心的投资者适当性制度。

纵观股指期货市场的投资者适当性制度的规定，主要包括如下几个方面内容：首次以在监管法规中明确投资者适当性的涵义。根据证监会《关于建立股指期货投资者适当性制度的规定（试行）》第2条规定，股指期货市

---

① 参见深交所《2011年个人投资者状况调查报告》摘要［EB/OL］.上海证券报，2012-3-14.［2015-4-13］.http://csr.stcn.com/content/2012-03/14/content_5025206.htm.

② 为了配合国债期货上市，2013年8月2日证监会发布了《关于建立股指期货投资者适当性制度的规定（试行）》修改稿《关于建立金融期货投资者适当性制度的规定》。此外，根据《期货交易管理条例》第2条规定，该制度适用于金融期权。

③ 与证监会新修订的《关于建立金融期货投资者适当性制度的规定》相衔接，2013年8月12日中国期货业协会协会修改《期货公司执行股指期货投资者适当性制度管理规则（试行）》为《期货公司执行金融期货投资者适当性制度管理规则（修订）》。

④ 参见《股指期货投资者适当性制度实施办法（试行）》第4条、第5条规定和《股指期货投资者适当性制度操作指引（试行）》第4条—第20条。

场的投资者适当性制度,不仅包括依照股指期货产品和风险特性,选择适合的投资者审慎参与金融期货交易,还包括建立与之相适应的监管制度。二是了解客户和客户评估内容及程序的要求。相对于创业板市场,股指期货市场对客户评估工作制定更为细致地规范和配套了模拟仿真交易系统,还为期货公司和证券公司提供《股指期货自然人投资者适当性综合评估表》的参考模板。三是明确法人和自然人投资者进入期货市场的资格要求。四是,明确投资者义务。投资者应如实申报开户材料,不得采取虚假申报等手段规避投资者进入市场标准要求。如果投资者提供虚假证明材料,开通股指期货业务,需承担金融期货交易的履约责任。最后,是自律监管和纪律处分相关内容。

③融资融券业务中适当性义务规则

融资融券交易又称"证券信用交易"或者"垫头交易"。在交易过程中,投资者可以通过向证券公司融资融券,扩大交易筹码,具有一定的财务杠杆效应。因此,融资融券交易风险相对普通证券交易风险更大。我国融资融券市场的发展一共经历了四个阶段:第一阶段,市场酝酿期。在1998年版《证券法》中是禁止融资融券的证券信用交易,2005年修订后的《证券法》删除了对融资融券交易的限制性条款。①次年,证监会发布《证券公司融资融券试点管理办法》(2006年8月1日起施行)②、沪深交易所发布《融资融券交易试点实施细则》、中国证券登记结算有限责任公司(简称中证登)发布《中国证券登记结算有限责任公司融资融券试点登记结算业务实施细则》、证券业协会公布《融资融券合同必备条款》和《融资融券交易风险书必备条款》;除了法规上的全面完善,证券公司内部也为融资融券业务的顺利开展,完成了客户证券和资金账户的清理工作,并同时建立客户资金第三方存管。③第二阶段,实质发展期。2008年始,证券公司进入实质准备阶段,证监会组织多次全网测试。2008年4月8日,证监会就《证券公司风险控制指标管理办法》《关于进一步规范证券营业网点若干问题的通知》(征求意见稿)、《证券公司分公司监管规定(试行)》公开征求意见;2008年4月25日,国务院出台《证券公司

---

① 1998年《证券法》第36条规定:证券公司不得从事向客户融资或者融券的证券交易活动。2005年修订后的《证券法》第142条规定:证券公司为客户买卖证券提供融资融券服务,应当按照国务院的规定并经国务院证券监督管理机构批准。

② 2011年10月26日中国证券监督管理委员会发布《关于修改〈证券公司融资融券业务试点管理办法〉的决定》对《证券公司融资融券试点管理办法》进行修订。

③ 李林:《论我国融资融券业务发展历程及重要意义》,载《现代商贸工业》,2010年5期。

监督管理条例》和《证券公司风险处置条例》正式宣布融资融券业务正式成为证券公司的业务，同时为了保障融资融券业务的顺利开展，在客户账户开立、担保品的收取和融资融券比例等方面做出了明确规定；6个月后，证监会启动融资融券试点工作，在中信、海通等11家证券公司进行了两次融资融券业务全网测试。第三阶段，试点阶段。2010年3月31日，融资融券业务正式试运营推出并公布和安排了第一批试运营的6家券商名单。第四阶段，正式发展阶段。2011年11月25日，经中国证监会批准，《上海证券交易所融资融券交易实施细则》[①] 正式发布，并自发布之日起施行。这意味着亮相内地证券市场一年半的融资融券业务将由"试点"转为"常规"，从此中国的融资融券市场迈入常规发展阶段。中国融资融券投资者适当性规定集中出现于第三阶段，包括2010年1月22日中国证监会发布的《关于开展证券公司融资融券业务试点工作的指导意见》、2011年10月26日中国证监会发布经修订的《证券公司融资融券业务管理办法》和《证券公司融资融券业务内部控制指引》。2015年7月1日公布新的《证券公司融资融券业务管理办法》（以下简称《新办法》），废止2011年《证券公司融资融券业务管理办法》。《新办法》中明确禁止证券公司诱导不适当的客户开展融资融券业务和未向客户充分揭示风险。综合分析融资融券市场投资者适当性规则，主要包括这样几方面内容：其一，了解客户和记录保存义务，《新办法》第12条第1款规定证券公司在向客户融资、融券前，应当办理客户征信，了解客户的身份、财产与收入状况、证券投资经验和风险偏好、诚信合规记录等情况，做好客户适当性管理工作，并以书面或者电子方式予以记载、保存。其二，区分专业机构投资者和其他投资者进入市场资格要求。《新办法》第12条第2款规定对未按照要求提供有关情况、从事证券交易时间不足半年、缺乏风险承担能力、最近20个交易日日均证券类资产低于50万元或者有重大违约记录的客户，以及本公司的股东、关联人，证券公司不得为其开立信用账户。而对于专业机构投资者无证券交易时间、证券类资产的条件限制。其三，风险提示义务。《新办法》第15条规定证券公司与客户签订融资融券合同前，应当采用适当的方式向客户讲解业务规则和合同内容，明确告知客户权利、义务及风险，特别是关于违约处置的风险控制安排，并将融资融券交易风险揭示书交由客户书面确认。此外，对责任概括性规定。《新办法》第49条规定，对违反本办法规定的证券公司或者其分支机构，

---

① 2011年11月25日，经中国证监会批准，《上海证券交易所融资融券交易实施细则》正式发布，并自发布之日起施行自发布之日起，《上海证券交易所融资融券交易试点实施细则》同时废止。

证监会或者其派出机构……依法应予行政处罚；涉嫌犯罪的，依法移送司法机关，追究其刑事责任。

④证券市场其他适当性义务规则

2009年，中国创业板市场引入投资者适当性制度后，证券市场投资者适当性制度除了上述创业板、金融期货、融资融券市场外，我国在其他产品创新（如质押式回购）、市场创新（如全国中小企业股份转让系统）等领域建立投资者适当性制度。① 除了新领域的推行，我国在投资基金销售、定向资产管理、中小企业私募债券等领域陆续推进投资者适当性制度的适用。② 在2012年修订后的《证券投资基金法》第99条规定，基金销售机构应当向投资人充分揭示投资风险，并根据投资人的风险承担能力销售不同风险等级的基金产品。这是我国第一次在法律层面对投资者适当性制度的确认。与此同时，在该法第88条规定私募基金的合格投资者。另一方面，自律监管组织制定了专门的适当性规则，虽然法律层次不高，但规则制定系统全面，为完善我国投资者适当性制度体系起到重要作用。中国证券业协会2012年12月30日发布的《证券公司投资者适当性制度指引》（以下简称《指引》）是为指导证券公司制定投资者适当性制度和会员履行适当性义务，保护投资者利益。《指引》具有这样几个特点：首先，明确适当性制度适用范围。在证券公司销售金融产品和以客户买入为目的提供金融服务时，需承担适当性义务。在仅为执行客户指令时不适用投资者适当性制度。③ 其次，全面构建证券公司需承担的投资者适当性义务内容，包括了解客户、了解产品或服务、适当性管理（风险提示、适当性评估匹配）和相应的保障措施（材料的保存、内部监督问责、客户投诉处理）。再次，对投资者进行分类。将投资者分为专业投资者和非专业投资者，明确划分标准和评定办法。对不同投资者，证券公司履行适当性义务也不同。最后，首次对适当性匹配提出标准要求。④ 证券公司在销售金融产品或提供金融服务时，需根据客户的风险承受能力等级、金融产品或金融服务的投资期

---

① 参见全国股份转让系统公司2013年2月8日发布、2013年12月30日修改的《全国中小企业股份转让系统投资者适当性管理细则》、上海证券交易所2015年2月16日发布的《上海证券交易所债券质押式协议回购交易暂行办法》。

② 参见上交所2011年12月23日发布的《上海证券交易所债券市场投资者适当性管理暂行办法》、2012年1月4日发布的《上海证券交易所债券市场投资者适当性管理工作指引》；证监会2012年7月31日发布的《期货公司资产管理业务试点办法》、2012年9月26日发布的《基金管理公司特定客户资产管理业务试点办法》。

③ 参见《证券公司投资者适当性制度指引》第2条。

④ 参见《证券公司投资者适当性制度指引》第23条。

限、投资品种及风险等级进行适当性匹配,并与客户签署适当性评估结果确认书。证券业协会颁布的该项指引,是最为系统和详细的投资者适当性制度。但缺乏相关的责任体系和法律层次低,缺乏强制性,故适用范围有限。

2013年3月26日,上交所发布《上海证券交易所投资者适当性管理暂行办法》。其指定目的与证券业协会相同,一方面向会员提出履行适当性义务的要求,另一方面指导会员进行适当性管理。其内容除与《指引》一样明确投资者适当性制度适用范围外,也对投资者进行了分类。相对于《指引》中的分类,该"办法"对专业投资者中的界定更为模糊。在该"办法"第6条规定,专业投资者包括(1)商业银行、证券期货经营机构……专业机构及其分支机构;(2)社保基金、养老基金……证券投资基金以及其他由第一项所列专业机构担任管理人的基金或者委托投资资产;(3)前两项所列机构之外,符合本所相关规定的注册机构投资者;(4)符合本所其他业务规则规定的条件,向会员申请并获得会员认可的机构或个人。此外,明确交易所在会员履行投资者适当性义务中的指导和监管责任。

在证券业的投资者适当性制度中,有这样两个共同点:首先,统一认为投资者适当性制度核心原则就是要让投资者购买到适当的金融产品或服务;其次,在制度中,都强调了"买者自负"的原则。投资者购买金融产品或服务是个人的选择,金融机构承担投资者适当性义务,也不能取代投资者本人的投资判断。证券公司主要义务在引导和防范,但投资风险仍然需要投资者承担。同样,在不同市场和业务的立法中,也存在差异。在新开展的业务或领域中,投资者适当性制度主要内容是投资者的市场准入标准和了解客户义务。因为立法者认为,设定投资门槛,就可以让客户购买到对应产品。事实上,单纯将投资者市场准入制度理解为投资者适当性制度是不妥的。本文在第二章已经区分,本处不再赘述。现有立法缺乏对证券公司违反投资者适当性义务的民事责任的规则,导致现有投资者权利救济无门。

二、投资者适当性制度的实施现状

(一) 金融机构适当性义务之履行

尽管国家在商业银行销售理财产品过程中制定投资者适当性制度,但在实施过程仍然存在一些问题：首先，客户风险承受能力评估结果不准确。客户的风险承受能力是判断产品是否适合的重要依据，监管法规中规定客户风险承受能力等级至少包括5级。风险承受能力评估依据至少应当包括客户年龄、财务状况、投资经验、投资目的、收益预期、风险偏好、流动性要求、风险认识以及风险损失承受程度等。① 而在银行对客户风险承受能力进行评估时往往成了完成程序上的要求。一是由于风险评估问卷设计不够合理，有的问卷设计过于简单，仅设计6个题目。② 事实上，银行业协会2013年编制了《商业银行理财客户风险评估问卷基本模版》，但对模板使用并未做强制性要求，所以各银行问卷设计并不相同。二是，风险评估调查问卷，并非客户独立填写，存在理财经理诱导填写，甚至直接代写的现象。有的投资者购买风险评级超过自身风险承受能力的产品受限，会重新做一次风险承受能力评估，使评估结果与产品风险等级匹配。其次，后期信息更新和风险提示义务履行意识淡薄。很多银行在金融产品销售出后，很难再有销售人员的信息跟踪和风险提示。再次，理财产品风险等级不明。《办法》规定，理财产品风险等级应当以风险等级体现，由低到高至少包括五个等级，并可根据实际情况进一步细分。③ 所以，各家银行理财产品风险等级和评定均由自己决定。有时会出现同类型理财产品在不同银行风险等级不同的情况。④ 最后，银行在处理客户投诉时，往往因利益存在冲突，处理态度不积极，效果也不好。例如在银行代销的理财产品，如商业银行代理保险业务，当客户由于销售人员的不当销售而错误购买后，很多银行会让客户直接去找保险公司，保险公司又让消费者找银行，造成消费者疲于奔命，维权难度很大。⑤

证券业投资者适当性规定最多，有些证券公司内部也制定了适当性管理制度，并取得一定效果，但在证券期货经营机构在履行适当性义务过程中仍出现一些问题：一是，对投资者适当性制度概念认识不明，将投资者市场准入与适当性制度混同。在履行义务时，证券期货经营机构单纯认为由符合投资"门槛"要求的投资者签署风险揭示书就算尽到责任，至于产品销售是否适当并

---

① 参见《商业银行理财产品销售管理办法》第27条和28条。
② 孙曼：《匹配原则成摆设 谁为银行理财产品风险买单》，载《证券日报》，2013年8月6日第7版。
③ 参见《商业银行理财产品销售管理办法》第24条。
④ 黄江洁：《理财产品风险等级犹如雾里看花》，载《广州日报》，2014年9月11日第10版。
⑤ 银行涉嫌销售误导 消费者维权费尽周折［EB/OL］.中国商网，［2015-4-17］.http://www.zgswcn.com/2014/0129/319468.shtml.

不关注。二是,金融产品风险等级划分无明确统一标准,尚未建立健全产品风险等级后续跟踪调整机制。三是,客户信息系统化和长效跟踪不足,对投资者风险承受能力后续评估困难。① 此外还有全面了解金融产品难度较大,销售任务与适当性义务利益冲突等。② 保险业由于投资者适当性制度多为原则性规定,缺乏可操作性。因此在保险产品销售过程中,出现诸多问题:一是,保险公司对客户风险测评所设计的问卷不完整,有的缺乏对客户收入水平的测评,有的只测试投资偏好,忽视甚至缺失了对投保需求的分析;二是,了解客户义务中,客户所填信息真实度不高,相关销售机构既不核实,也不劝导说明。

概括而言,当下中国金融机构在投资者适当性义务履行中存在如下问题:首先,了解客户义务履行过程中,出现投资者出于个人隐私考虑,不能如实提供真实信息,而金融机构未能引导和充分告知其投资风险。客户信息后续评估和持续性信息更新义务执行不到位;另一个突出问题是规范中的自律投资者分类不统一,导致实施时缺乏统一标准,出现混乱。其次,在了解产品义务过程中,一是对产品评估标准不统一,一是全面了解代销金融产品信息存在困难。再次,适当性义务履行过程中,产品与客户风险匹配合理标准不完善。最后,相关配套机制不完善,包括销售任务与适当性销售义务存在利益冲突、不能及时公正的处理投资者投诉纠纷。尤其在金融机构代销产品时,一旦出现不适当销售,面对投资者的投诉,代销的金融机构往往推诿责任,要求其向发行机构追责。

(二) 金融监管职责之履行

中国金融监管为分业监管模式。银行理财业务的监管由银监会负责,证监会负责监管证券期货机构理财业务及各类私募投资基金,保监会负责监管保险机构的理财业务,金融机构跨市场理财业务及第三方支付业务由央行负责监管协调。针对银行理财产品销售业务,银监会曾对理财业务与主体经营业务分离

---

① 系统梳理 深入调研——重庆证监局着力做好投资者适当性制度评估工作 [EB/OL].中国证监会网站,[2015-5-10]. http://www.csrc.gov.cn/pub/chongqing/gzdt/201404/t20140410_246764.htm.
② 贵州证监局,贵州辖区投资者适当性制度执行情况调查报告,转引自张付标:《证券投资者适当性制度研究》,对外经贸大学,2014年博士论文。

情况①、银行理财产品的系统登记②、理财产品投资对象的公示、资金池的清理③进行重点检查。对于投资者适当性义务履行监管更多停留于法律层面的要求,并没有实质或针对性的检查,更没有针对银行不适当销售的行政处罚。证券业对投资者适当性监管主要针对证券或期货公司是否存在降低门槛,将不合格投资者放入市场的行为。2013年中金所在清查期货市场时发现和融期货和东华期货公司存在将不适格投资者放入期货市场的行为,和融期货公司给没有期货仿真交易经验的投资者开设股指期货账户。东华期货公司因操作原因误为一名未申请开户的客户开设了股指期货账户。中金所根据两个公司违法行为的轻重,分别给予了暂停受理申请开立新的交易编码一个月和下发《市场监管警示函》的措施。④证监会和各地证监局一方面不断推进投资者适当性制度在各种业务和领域的完善和落实;另一方面也加强适当性制度的检查和销售过程中的监管。如陕西证监局督导各机构公示业务流程、收费标准、产品名称、风险特征等,确保充分披露影响客户权益的各类信息。将客户适当性管理作为现场检查重要内容,通过明察暗访等多种方式,落实"卖者有责"的要求,督促证券期货经营机构及基金销售机构完善客户分类和产品、服务分级,向投资者推荐适当的产品、服务⑤;广东证监局督促辖区证券期货经营机构健全投资者适当性管理制度,定期开展专项检查。要求金融机构内部将适当性管理落实情况纳入分类评价指标体系内,建立客户适当性动态管理系统,采取多种方式向投资者提示风险。⑥

(三) 投资者权利救济机制之缺失

1.司法救济之不足

在司法救济中,中国存在两个主要问题:一是现有证券业、信托业立法没

---

① 《银监会将专项检查银行理财业务》,载《北京商报》,2014年10月17日。
② 银监会:未登记的理财产品不得销售 [EB/OL].财新网,[2015-5-23].http://finance.caixin.com/2014-04-03/100660991.html.
③ 余萍丽:《银监会整顿理财产品——新规要求理财产品要公示投资对象,对资金池进行监管清理》,《钱江晚报》,2013年版。
④ 违反投资者适当性制度 两家期货公司受中金所处罚 [EB/OL].经济观察网,[2015-6-1].http://www.eeo.com.cn/2013/0913/249732.shtml.
⑤ 陕西证监局:《保障投资者知情权 确保不被欺诈》,载《证券时报》,2014年1月1日。
⑥ 侯外林:《广东证监局不断强化中小投资者合法权益保护工作》,载《中国证券报》,2013年12月31日。

有明确规定，金融机构违反适当性义务应承担法律责任；二是由于缺少法律依据，司法实践回应不足。现有审判中适当性诉讼的案件很少，投资者胜诉获得赔偿更屈指可数。依照现有法律，我们可以尝试在《合同法》《侵权法》等一般法中寻找到法律依据。中国《合同法》第42条是缔约过失责任的规定，最后款为概括性兜底条款。如果将投资者适当性义务解释为"其他违背诚实信用的行为"①，投资者是可以提起相关诉讼的。再者，依照我国监管法规中已将投资者适当性义务设定为法定义务，尤其在银行监管立法中明确其为法定义务，投资者根据《侵权法》和监管法规可提起相应侵权诉讼。但在司法中，投资者的维权诉讼并不容易。上海市首例证券投资基金交易纠纷——刘克华诉兴业银行股份有限公司上海武宁支行等未尽风险提示义务证券投资基金交易纠纷案中，法院认为原告已在系争协议上签名，应视为原告在缔约时已认识到该委托理财产品存在一定的商业风险。同时，原告基于投资盈利目的购买系争非保本理财产品"兴业基金宝"，其所从事的是投资行为，应当承担较一般民事行为中民事主体更高的审慎注意义务。现原告称其未细研文字内容就在协议上签字，显然不符合原告作为投资者应有的谨慎态度，至于原告所称被告武宁支行推销系争理财产品的环境和服务不到位等，均不足以影响系争协议的效力。② 李凤敏诉渣打银行（中国）有限公司成都分行委托理财合同纠纷案的一审中，李凤敏提出渣打银行虚假风险告知、虚假风险测试、虚假宣传，要求终止合同，赔偿损失和可得利息损失。法官认为，原告请求无事实和法律依据，《客户协议书》《风险适应性测试＆投资确认声明书》，原告均签字确认，表明其订立合同时意思表示真实，应当承担风险。③ 在吴某诉甲银行金融委托理财合同纠纷案中，银行无法证明进行过客户风险承受能力评估和风险提示。法院认为：根据相关的法律法规规定，银行利用理财顾问服务向客户推介投资产品时，应了解客户的风险偏好、风险认知能力和承受能力，评估客户的财务状况，提供合适的投资产品由客户自主选择，并向客户解释相关投资工具的运作市场及方式，揭示相关风险。吴某至甲银行办理存款业务，甲银行向其推介基金理财产品，应当先按照规定了解吴某的投资能力并评估吴某的财务状况，再

---

① 《合同法》第42条第四十二条：当事人在订立合同过程中有下列情形之一，给对方造成损失的，应当承担损害赔偿责任：（一）假借订立合同，恶意进行磋商；（二）故意隐瞒与订立合同有关的重要事实或者提供虚假情况；（三）有其他违背诚实信用原则的行为。
② （2009）沪二中民三（商）终字第428号民事判决。
③ （2012）成民终字第5824号民事判决。

向吴某推介合的产品,并应进行相关的风险提示,但甲银行并未按照上述规定进行操作,尽管甲银行抗辩其已经在网上对吴某进行风险提示和风险评估,

但因整个基金购买过程基本由甲银行经办人沈某操作,吴某仅输入了账户登陆密码,因此甲银行无法证明已尽到合理的告知义务,故应承担相应责任。吴某作为完全行为能力人,理应对自己的行为有完全的认知能力,吴某让甲银行工作人员代其申购涉案基金,在申购前,未根据网络系统提示阅读风险提示并接受风险评估,自身亦存在过错。结合吴某和甲银行各自的过错程度,法院判决甲银行对吴某的损失承担30%的赔偿责任。①

司法中投资者维权频频受挫,原因在于:其一,司法者对"买者自负"传统观念认识根深蒂固。审案判断标准是只要投资者在购买产品合同上签字,就认为其应自行对理财亏损的后果。其二,投资者举证困难。事实上,投资者在购买过程中,往往会听信销售人员的推荐,即便在金融机构销售过程存在不适当销售行为和故意隐瞒或欺骗的行为,投资者也在当时无法知晓,而最终在合同和风险揭示书上签字。而在诉讼中,投资者难以举证销售机构的不当销售行为。其三,此类案件法官通常援用法律依据为《合同法》第54条关于可变更可撤销合同的规定,投资者需证明由于金融机构的欺诈,自己在违背真实意思的情况下订立了合同。法官用该条作为判案依据,显然忽视了投资者相对于金融机构在经济实力、信息和专业知识的弱势地位,而以交易双方地位平等标准来评价,往往会导致投资者败诉。

2.非诉讼机制之困境

中国投资者权利因金融机构不适当销售行为损害后,可以向金融机构投诉,可以向金融管理部门投诉,还可以向金融仲裁机构申请仲裁。金融机构内部投诉处理有这样几个问题:处理不及时,通过电话、网络投诉平台投诉,并不能解决实质问题,多为形式需求;向金融机构工作人员进行投诉,往往遭遇敷衍搪塞,处于利益保护往往推卸自己的责任;即便金融机构与投资者进行协商,对于和解的公正性也存疑。金融机构占据经济和信息优势地位,而且和解协议的执行也取决于金融机构,投资者处于被动地位。因此,执行往往大打折扣。

金融行业协会设立专门机构通常以调解方式处理金融机构与投资者之间的纠纷。行业协会在处理会员与投资者纠纷时,公正性往往会受到质疑。除非争议严重威胁行业利益或因监管部门压力,行业协会才会对会员做出调解。而即

---

① (2012)沪一中民六(商)终字第164号终审民事判决。

便争议双方达成调解协议书,此调解书亦是无强制约束力的。

中国一行三会已专门设立金融消费者权益保护机构,但由于运作模式还不成熟,缺乏协调机制,尤其在跨市场、跨行业的协调处理机制还未形成,对交叉性理财产品的投诉处理比较困难。在行政调解中,金融监管机构既作为管理者,又作为裁判者,其中立性遭到质疑。同协会调解一样,以争议双方自愿为前提。行政调解协议,属于民事合同,不具有强制执行的法律效力。一旦金融机构不履行调解协议,投资者仍然需寻求其他解决路径,无疑也造成行政资源浪费。

自2007年上海金融仲裁院成立以来,我国在北京、武汉、杭州、温州等地也陆续成立金融仲裁院。金融仲裁有专业性、灵活性、保密性的优势。但投资者只有在与金融机构达成仲裁协议的前提下,才可提起仲裁。而且我国金融仲裁院只在省政府所在地或设区的市设立[①],县域的纠纷如果去仲裁会增加经济成本。因此,仲裁适用也是有限的。

可见,虽然中国构建了申诉、调解、仲裁等非诉解决投资者与金融机构纠纷的机制,但由于存在各种不足,使得投资者在寻求非诉方式解决纠纷时,或遭遇种种障碍,或执行不到位难以达到理想效果。

三、对我国投资者适当性制度的完善

(一) 适当性义务法定化

随着我国金融市场准入放开和金融业混业经营,对金融市场交易行为的调控应当加强。适当性义务规则实质是金融横向监管的一项管理性义务规范,在规范金融交易行为、防范金融系统风险和保护投资者利益方面有着重大意义。我国股票上市将由审核制转向注册制。证券市场准入门槛降低,涌入交易市场产品的数量和种类也会更多。适当性义务规则设置固定标准和程序性要求,引导金融中介机构推荐和销售行为,可最终让投资者购买到合适的产品。我国确立投资者适当性义务规则最高法规是2013年6月1日实施的《证券投资基金法》,第99条规定:基金销售机构应当向投资人充分揭示投资风险,并根据投

---

① 参见我国《仲裁法》第10条。

资人的风险承担能力销售不同风险等级的基金产品。"基金法"的规定存在两个问题：一是适用范围限于基金销售，且规则内容仅为概括性要求，既没有明确义务内容，也未提及违反义务的责任追究问题，因而法律约束力有限；二是由于其颁布较其他法规相对较晚，对其他规则制定并无太多参考价值。在"基金法"颁布之前，效力最高的法规应属国务院颁布的行政法规——《证券公司监督管理条例》。该法第29条明确证券公司应承担适当性义务，并授权证券业协会制定义务内容具体规则。① 由于缺乏法律对适当性义务的明确定性，导致我国部门规章和自律规范对适当性义务内容规定各异，缺乏统一认识。证监会规章和创业板、股指期货市场规定适当性义务包括了解客户、风险测评与投资者市场准入、风险提示。融资融券业务规定适当性义务包括了解客户和风险提示。就前述适当性义务规则内容而言，其实质是投资者适当制度与风险提示的结合，并未能全面涵盖适当性义务。由于缺乏法律对适当性义务的明确定性，投资者难以援用法律进行民事救济。正如学者研究认为，现行适当性义务规则立法层次低，亟需加快适当性义务法定化。② 在法律层面确认适当性义务，可以提高强制约束力，使其更具普适性。通过高层次立法可以确认适当性义务性质和内容，统一投资者适当性规范。

如何在法律层面确认适当性义务，学者进一步提出建议。有学者提出在《期货法》或者《金融衍生品交易法》中纳入适当性规则。③ 有学者提出可在《证券法》上明确适当性义务规则。④ 笔者认为在此次《证券法》修订中纳入投资者适当性义务规则是最佳选择。一方面我国还未有《期货法》⑤，即便立法，其实施效果将与《基金法》相同，将只适用于期货市场。我国实行分业监管模式，没有统一金融市场的《金融商品交易法》。如果在《金融商品交易法》中设立投资者适当性义务，需要监管机构的职能进行调整配合，并进行新的立法，显然短期内无法实现。《证券法》是证券市场基本法之一，金融衍

---

① 参见《证券公司监督管理条例》第二十九条：证券公司从事证券资产管理业务、融资融券业务，销售证券类金融产品，应当按照规定程序，了解客户的身份、财产与收入状况、证券投资经验和风险偏好，并以书面和电子方式予以记载、保存。证券公司应当根据所了解的客户情况推荐适当的产品或者服务。具体规则由中国证券业协会制定。
② 参见张付标、李玫：《论证券投资者适当性的法律性质》，《法学》2013年第10期。
③ 范永龙：《试论金融衍生品交易中投资者适当性制度》，《黑龙江省政法管理干部学院学报》2010年第5期。
④ 赵晓钧：《中国资本市场投资者适当性规则的完善——兼论〈证券法〉中投资者适当性规则的构建》，载《证券市场导报》2012年第2期。
⑤ 《期货法已经在立法阶段》，《期货日报》，2014年11月13日。

生品的发行和交易都依照该法的原则规定①，从这个意义上说，证券法已涵盖我国的金融商品交易大部分内容。通过证券法确认投资者适当性义务，可以达到普遍适用的效果。在2015年《证券法》修订草案中，体现我国证券市场对投资者的保护，专设"证券欺诈与投资者保护"一章，并设定了投资者适当性制度，明确证券经营机构违反适当性义务需承担民事责任。

银行业理财业务持续发展，截止2014年银行理财产品发行数量达到65248个，2015年理财市场总体规模预计将突破20万亿。② 作为保护投资者利益的投资者适当性制度，应作为银行业理财业务的基本制度。现有理财业务中的投资者适当性制度停留于银监会颁布的《暂行办法》，已经不能满足市场需要，应当完善银行业理财业务投资者适当性制度，提升立法层级，明确投资者适当性制度内容。

（二）明晰投资者适当性制度之基本理论

针对证券业、银行业、信托业对投资者适当性制度认识有偏差这一问题，需要法律统一行业对制度的界定。所以，各金融行业立法中需首先明确投资者适当性原则的含义。投资者适当性原则是金融机构销售者在销售或推荐金融产品时，应当了解投资者的投资目标、知识经验、财务状况等其他影响适当性判断的相关信息，基于合理基础将适当产品销售给投资者，借以区分合格投资者制度与投资者适当性制度。其次明确投资者适当性制度适用范围。在现有立法中，银行理财产品销售业务、证券创业板市场、金融期货市场、债券、融资融券等业务中，都实行投资者适当性制度。证券市场投资者适当性制度在适用中过于宽泛，在创业板市场、金融期货市场、融资融券等业务的投资者适当性制度过多充斥着投资者市场准入制度。相对于投资者市场准入制度应为合格投资者制度的内容，强调法定投资者市场进入门槛。金融机构作为实际操作者，应当严格审查投资者的资质，保障合格投资者进入市场。正是因为合格投资者制度与投资者适当性制度都能达到适当投资者进入市场的效果，所以立法者曾认为两者是同一概念。笔者认为投资者适当性制度强调的是销售过程中客户风险

---

① 参见《证券法》第2条：在中华人民共和国境内，股票、公司债券和国务院依法认定的其他证券的发行和交易，适用本法；政府债券、证券投资基金份额的上市交易，适用本法；证券衍生品种发行、交易的管理办法，由国务院依照本法的原则规定。

② 华宝证券发布《中国金融产品年度报告（2015）》［EB/OL］.新浪财经网，[2015-7-17］.http://finance.sina.com.cn/money/bank/20150317/174421742002.shtml.

承受能力与产品风险的匹配,应为与合格投资者制度区分。这样可以避免金融机构只关注投资者最初进入市场,而不关注持续性义务的履行。另一方面并非所有金融机构提供的产品或服务都有法定的投资门槛,投资者适当性制度给予金融机构判断标准。而相对于金融机构来说,是具有裁量空间的。投资者适当性制度限于金融机构推荐和销售金融产品时,具体包括:(1)投资者并未向金融机构业务人员表述要购买某一特定产品,而是业务人员主动就投资者需求做的推介;(2)投资者主动表达欲购买或了解特定某一特定产品,金融产品销售者依照投资者需求,就相关金融产品进行推介及内容与条款的说明;(3)金融产品销售者基于投资者的需要、财务能力与风险承担能力选择推介金融商品,即直接提供理财咨询和推介服务。在我国,对于金融机构只是简单执行交易指令,是不承担投资者适当性义务的。

(三) 完善投资者适当性权利义务和民事责任内容

1.金融机构适当性义务内容之优化

(1) 统一投资者分类和完善客户风险评估机制

针对相关法律规定和金融机构了解客户义务履行情况,我们可以做这样几个方面的完善:一是统一投资者分类制度。在投资者适当性制度中,法定投资者分类的意义在于区别对待投资者,对于能够完全理解金融产品风险的专业投资者,金融机构可以免去部分适当性义务,简化评估程序和内容。欧盟将金融投资者分为零售投资者、专业投资者及合格交易对手三类。日本、我国台湾地区将投资者分为专业投资者和非专业投资者(普通投资者)两类。[①] 证券业协会发布的《证券公司投资者适当性制度指引》(以下简称《指引》)、《上交所债券市场投资者适当性管理暂行办法》划分标准不同,但均分为专业投资者和非专业投资者(普通投资者)。我们应该统一投资者分类,将投资者划分为专业投资者和普通投资者。国内外银行、保险公司、证券期货经营机构、基金公司、信托投资公司、政府投资机构专业及合格境外机构投资者为当然专业投资者。对于其他满足投资经验要求和资金要求的机构投资者、自然人投资者可申请为专业投资者。《指引》中规定机构投资者需满足近一年的净资产不低于2000万元人民币、金融类资产不低于1000万元人民币、2年及以上从事证券、期货、黄金、外汇等相关市场投资交易的经历、风险承受能力等级经证券

---

① 翟艳:《证券市场投资者分类制度研究》,载《湖南社会科学》,2013年第10期。

公司评估为最高等级；自然人投资者需满足金融资产不低于500万元人民币、2年及以上从事证券、期货、黄金、外汇等相关市场投资交易的经历、过去12个月中证券交易不少于40次；或者具有2年及以上在专业投资机构从事金融产品或金融服务的设计、投资或保险精算、金融风险管理工作经历、风险承受能力等级经证券公司评估为最高等级。针对这两种投资者，可以申请成为专业投资者，当不满足条件时可以申请转为非专业投资者，对于专业投资者可以免除部分投资者适当性义务。由于《指引》为行业自律规则，法律层次过低，我们应在法律层面统一证券市场投资者分类，明确投资者分为专业投资者和普通投资者，并援用《指引》的分类和针对不同投资者差别履行义务。银行理财业务中相关法规并未对客户明确划分，但要求银行在销售过程中按照投资者风险承受能力分至少为五类。[①] 另外区分了私人银行客户和高资产净值客户和65岁（含）以上客户。[②] 对于私人银行客户和高资产净值客户要求按照规定进行风险评估。对于65岁（含）以上客户，强调商业银行进行风险承受能力评估时，应当充分考虑客户年龄、相关投资经验等因素。现有规定未能体现对年老者的特别保护，也未能体现出对于不同投资者的差别对待。我们应当限制65（含）以上投资者进入特定风险等级的产品市场。

二是完善客户风险评估机制。根据客户风险评估结果划分客户种类，用于匹配不同风险等级的金融产品。根据我国金融机构履行情况来看，流于形式的现象非常普遍。我们需从实质内容和程序上进行规范。首先，明确了解客户是必须采集的信息，需要监管法规做出统一规定。对于自然人投资者，金融机构应当了解三个方面的信息：1.基本信息，包括真实姓名、年龄、身份证号、联系方式；2.专业和知识水平，包括学历、专业、投资经历和投资目的；3.财务情况，包括个人收入，可投资财产、家庭收入情况、金融资金等。对于机构投资者也应包括上述三个方面的信息，对于专业知识水平的测试应对机构投资者中实行购买行为的人进行测试；其次，为了保障客户风险评估测试的准确性，由行业协会推出风险评估模板，各金融机构可在模板基础上设计更为详细的问题，以提高测试的准确性，但不能低于模板标准。这种要求为强制性要求，而不为自愿选择；最后，防止金融销售人员误导投资者进行风险测评或代为填写的行为，可以在程序上要求金融机构对整个销售和推荐过程"双录"——录音录像。中国银行北京分行已经开始推行标准化"双录"。它将全程分四个阶段——产品介绍、风险揭示、柜台核实录音录像、后督复核录音录像情况后授

---

① 《商业银行理财产品销售管理办法》第27条。
② 《商业银行理财产品销售管理办法》第28条和第31条。

权，同时通过系统进行产品介绍、风险揭示等标准话术播放。① 这种"双录"模式使整个销售过程规范化，可防止银行理财经理不合规的推销行为。

(2) 全面了解产品信息和科学评估金融产品风险

金融机构只有对产品了解，才能向投资者进行销售。我们亟需从个以下几个方面进行完善：一是全面了解金融产品相关信息。对简单产品应当了解产品发行人情况、产品合法性、相关期限信息（发行期限、锁定期、提前终止的可能性、终止条件）、担保品或其他信用保障及其价值情况、基础资产的状况、风险收益特征（流动性风险、市场风险、预期收益率、收益波动性）、投资者购买、持有或出售产品或服务的成本、费用和可能的损失；对金融衍生产品与资产管理产品除上述信息外，还需了解产品的结构、定价方式和杠杆情况、产品信用风险的性质和复杂程度（发行人、对手方或有关参照方的信用状况以及发行人、产品提供方的经验和声誉等）、客户是否会被要求追加后续投资或承担后续债务、客户可能产生的本金损失和最大损失等。

二是识别和评估金融产品风险。首先明确金融产品风险的评估要素。对于基础简单商品，主要针对产品合规风险、产品的流动性风险和产品的市场风险设计评估要素。对于金融衍生产品和资产管理类产品风险评估的基本因素，包括产品基础产品、产品设计复杂程度、产品投资的市场风险、投资期限等。尤其对于新产品的风险评估更要全面和真实；其次，完善银行理财产品风险评估机制，应有销售机构和研发机构以外的第三方对金融理财产品进行评估。

三是提升专业销售能力。定期对销售人员产品了解程度进行测试，对于不合格者暂停销售资格，进行相关的职业培训。对于金融机构代销产品，扩展了解产品信息的渠道。产品开发者提供相关的书面和视频资料，由代销的金融机构进行审核后，可作为员工职业培训的资料。

(3) 以客户利益最大化原则履行适当性推荐义务

在法规层面强调客户利益最大化原则。金融机构在做金融产品与投资者风险匹配工作时，全面贯彻投资者利益最大化原则，尽职勤勉地为投资者利益考虑，包括最佳执行、适当性说明。最佳执行强调金融机构能够根据掌握的产品信息和投资者信息，做投资期限、风险承担能力、投资目的的适当性性匹配。作为相关支持性义务，还要求金融机构能够防止利益冲突。适当性说明是指在销售和推荐过程中以最高标准要求全面真实揭示产品信息、投资者个人资信情况和适当性匹配结果。

---

① 中行北分双录项目顺利竣工 [EB/OL].第一网贷网，[2015-7-17].http://www.p2p001.com/News/shownews/id/13898.html.

2.明确投资者权利和义务

立法明确投资者交易中的知情权、公平交易权等权利。对于投资者不能履行如实告知义务的处理：在销售阶段，金融机构必须告知投资者需如实填写个人信息，并对个人风险测评结果要求本人确认。在这种前提下，投资者如因故意隐瞒或虚报个人信息，而导致测评结果不准确，应由个人承担金融产品风险。当投资者明知产品不适合仍然坚持购买时，投资者可以放弃投资者适当性制度的保护坚持购买。此时，金融机构一旦履行风险提示义务，就可以免责。在投资者适当性制度中，投资者义务强制性不高，实际是其保障自己受保护的条件。

3.强化政府机构与自律组织的协调监管

投资者与金融市场犹如水与鱼的关系，没有投资者对金融市场的信心，这个市场既无法发展，更难以存在。因此保护投资者，尤其要保护中小投资者的合法权益，是我国培育和发展资本市场的重要内容，亦是监管部门的主要任务和宗旨。投资者适当性制度是规制市场交易行为的一项制度。无论是政府监管者或是自律监管者均制定了相关规则，并对金融机构适当性义务的履行进行指导和监管。其主要针对金融机构是否履行、履行适当性义务的方式和履行效果进行监督与管理。为保障投资者适当性制度的实施，监管者在日常监管中需对金融机构履行适当性义务进行现场检查和专项监管。针对金融机构风险管理、运作规程、内部协作等方面进行考察。对金融机构与投资者进行交流和适当性评估过程进行重点核查。对审查出的问题及时要求金融机构进行纠正，对情况严重者可给予相应行政处罚。针对我国分业监管模式，需要完善政府监管者之间的协调机制。这种协调不仅仅是行政执法和监管方面的信息共享等协调，还包括跨市场、跨行业的纠纷协调处理机制。

在监管过程中，政府监管者除了使用现场监管和非现场监管等日常监管方式，还需与交易所、行业协会等自律监管者合理分配监管权，并增强两者的合作与协调。政府监管者是市场参与者外的第三方，能够秉承"公开、公平、公正"原则行使监管权，保护投资者利益。但政府监管者相对于自律监管者远离市场，对产品交易市场变化和具体行业操作情况等反应速度和灵活性明显不足。因此，在金融机构适当性义务履行的监管中，政府监管者的相关立法以框架和原则性规则制定为宜，前提是统一和正确认识投资者适当性制度的法律内涵与基本理论。交易所、行业协会等自律监管者在政府监管者制定的框架和原则性规定下，可进一步制定详尽的适当性适用市场规则。

此外，投资者作为金融商品的购买者，具有很大自主性。针对投资者对金融产品存在认识误区、专业知识和风险判断能力不足等问题，亟需监管者在监管的同时亦加强投资者教育。通过投资者教育可以使投资者了解相关投资知识和风险，强化风险防范意识。监管者与金融机构都应积极进行投资者教育，向投资者介绍适当性规则，使投资者了解自身的权利与义务，有助于投资者做出正确决定。

4.完善法律责任的规定

法律责任的完备能够保障法律规范得到切实的执行。现有投资者适当性规则中，除了银行业法规提及在银行不履行时或履行不适当时应当承担相应的民事责任，其他金融行业法规尚未提及。在分业监管模式下，无法建立统一的投资者适当性制度，但各行业中明确金融机构违反适当性义务需承担民事责任是十分必要的。明确金融机构不履行适当性义务的民事责任，可使投资者在寻求损失补偿时能有明确的法律依据，以便法院在相关纠纷审判中能够直接援引，增加金融机构违反适当性义务的违法成本，促进其自觉规范经营行为，也为投资者实现个人权利救济提供便利。立法中可通过列举金融机构违反适当性义务的情形，同时配以兜底条款防范新情况出现时条文的滞后性，明确相关责任。

（四）投资者权利救济机制之构建

1.诉讼机制构建

诉讼救济中，在现有法律框架内，投资者可以选择两个法律依据和路径进行诉讼：一是以金融机构违反先合同义务的缔约过失责任之诉；二是违反适当性义务法定义务的侵权诉讼。在缔约过失责任之诉中，投资者首先需证明金融机构有违反先合同义务的行为。理论研究中将金融机构承担的适当性义务定性为先合同义务。在现实中，金融机构对适当性义务的违反客观上有时表现为欺诈行为或者伴随着欺诈行为。金融机构主观上想获得利润，将高风险的金融产品推销给投资者。客观表现为隐瞒或者捏造金融产品信息，误导投资者认为该金融产品适合自己而错误购买。因此，司法实践中对金融机构信息的隐瞒或捏造，依照是否影响投资者的决定作为判断标准。金融机构未对投资者进行风险承受能力评估则不属于先合同义务中的反欺诈，可以认为是其他先合同义务；投资者还需证明损害事实的存在。金融机构违反适当性义务这一先合同义务而导致合同不成立、无效或可撤销，投资者因此受到的财产损失要求由金融机构承担。此项损失也以弥补损失为主，而不涉及可能性的收益；对于金融机构的主观过错和过错行为与损害结果两者因果关系的证明应采举证责任倒置原则。

投资者相对于金融机构来说，处于弱势地位，采举证责任倒置更有利于保护投资者利益。

投资者进行侵权之诉可参照虚假陈述引发的民事赔偿案件的司法审判规则。因为违反适当性义务侵权行为的表现形式与虚假陈述行为有很大的相似性①，均为一方凭借其优势地位，通过欺诈方式而获取不当利益。此类诉讼中归责应采过错推定原则。投资者在金融交易中对于信息掌握处于弱势，且金融机构根据监管规范的要求会对交易过程中的相关资料进行保存。如果采过错责任原则，既附加了投资者举证责任额外负担，增加诉讼成本，又易造成投资者举证困难，降低投资者胜诉的可能性，不利于保护投资者。基于诉讼双方地位平衡的考量，在此类诉讼中采用过错推定原则为宜。

其次是因果关系认定问题。因果关系认定是认定侵权责任的客观基础，是衔接侵权行为与损害事实的关键环节。② 相对于一般侵权案件，金融领域民事赔偿案件中的因果关系认定更为复杂。金融领域民事赔偿案件责任的认定，极具有专业性，对技术性要求也比较高。侵权行为发生与损害结果的出现往往所隔时间较长，收集证据相对困难。而且金融产品价格变化通常因多种因素造成，因而因果关系往往呈现多因一果的复合因果关系。③ 2003年我国最高院就虚假陈述引发民事赔偿案件发布的司法解释④受美国"市场欺诈理论"和"信赖推定原则"影响，采用了因果关系推定原则。证券市场价格是证券所有信息组合的结果。正是基于这一基础，"市场欺诈理论"认为只要有虚假陈述或漏述行为，就应认为是欺骗了整个市场，按照市场价格进行交易的投资者就因此受到影响。"信赖推定原则"是投资者对证券信息发布者的信赖，这种信赖关系无需证明。⑤ 这一原则无疑大大减轻了投资者的举证责任。在我国对于金融机构违反适当性义务侵权责任的因果关系认定这一问题，如果仅以保护投资者为由而径直适用，加重了金融机构违反适当性义务责任，且缺乏正当性证成。19世纪80年代，德国"相当因果关系说"理论和"法规目的说"在此更具借鉴意义。"相当因果关系说"认为以社会共同经验，判断某一事实的发

---

① 陈洁：《证券公司违反投资者适当性原则的民事责任》，载《证券市场导报》，2012年第2期。
② 杨峰：《中美证券侵权民事责任因果关系比较研究》，载《中国社会科学院研究生院学报》，2007年第2期。
③ 于莹：《证券法中的民事责任》，北京，中国法制出版社，2004年版第145页。
④ 《最高人民法院关于审理证券市场因虚假陈述引发的民事赔偿案件的若干规定》第18条。
⑤ 陈煜：《证券信息与信赖推定》，载《云南大学学报》，2012年第2期。

生，是否足以导致与损害事实同样的结果。如果可以，则两者具有因果关系。此理论运用概率学的原理和方法分析行为引发损害事实的可能性。"法规目的说认为判断行为人对于行为引发之损害是否应付责任，并非探究行为与损害间有无相当因果关系，而应探究相关之法规（或契约）之意义与目的。"① 法规目的说实质上是通过对责任法中的保护性规范进行结果上符合逻辑的法律解释②，而虚化了因果关系。

在认定金融机构因违反作为保护性法律的适当性规范是否需要承担侵权责任时，我们可以结合社会共同经验与考虑保护性规范的立法目的作为判断因果关系的标准。当金融机构违反了适当性义务，无疑会增加投资者遭受侵害的危险，法官在判断责任时，从社会共同经验进行判断行为与结果的可能性。这种社会共同经验判断以适当性规范为优先保护投资者的目的出发，偏向性进行判断。在存在表面证据情况下，就可推定在投资者损害与金融机构的违反行为之间具有因果关系，减轻投资者的举证责任。③

最后是损害的认定问题。投资者必须证明自己因金融机构违反适当性义务遭受了损害，才能追究金融机构的侵权责任。④ 在此需要讨论两个问题：一是造成投资者损失的原因主要为金融机构不适当销售行为和市场行情的变化，民事责任的赔偿如何计算；⑤ 二是投资者的损失可包括本金和可得利益的损失。投资者损失又如何计算？针对前一个问题，我们用因果关系来认定。金融机构因违犯适当性义务承担责任，也应以此行为造成的损害为限。对于投资固有的投资风险不应纳入赔偿范围。换言之，能够依照因果关系推断出的直接损害结果，应由金融机构承担。对于后者，民事责任的赔偿目的在于填平损失，使投资者恢复到购买金融产品和服务前的状态。对于投资者来说，投资本金的损失才是需要填平的损失。由于金融市场固有风险性，如果计算其可得利益，也就有可能出现必然的亏损，所以，计算投资者的经济损失应以本金亏损金额为限。

2.非诉机制完善

除了专门的纠纷解决机制之外，纠纷还可通过当事人和解、专门机构的金

---

① 曾世雄：《损害赔偿法原理》，北京：中国政法大学出版社，2001年版第113页
② 程啸：《侵权责任法》，北京：法律出版社，2011年版第181页
③ 朱岩：《违反保护他人法律的过错责任》，载《法学研究》2011年第2期。
④ 王志诚：《银行销售金融商品之义务与责任——规范原则与实务争议》，载《月旦法学杂志》，2011年第7期。
⑤ 陈洁：《证券公司违反投资者适当性原则的民事责任》，载《证券市场导报》2012年第2期。

融调解和仲裁等多种非诉方式解决。具体到投资者适当性制度中，我们需要完善多元化投资者非诉权利救济机制，包括以下几个层面：

首先，优化金融机构内部投诉处理机制。针对前述纠纷解决中存在的问题，可以在如下方面进行完善：一是，压缩投诉处理期限，防止金融机构故意推诿和相互推托。当投资者与金融机构发生纠纷时，金融机构应第一时间解决。对于不能及时解决的事件，金融机构也应说明理由并与投资者进行充分的沟通，方便日后通过其他方式解决纠纷；二是，强化金融机构内部控制机制。金融机构内部提高投诉能力建设，落实责任问责，将投诉处理作为企业内部绩效考核指标。通过奖惩体系既可以来规制不当销售行为，还可以督促投诉处理工作的及时高效完成。

其次，借鉴FOS纠纷解决机制的优点对调解制度进行优化改革，建设我国的FOS纠纷解决平台。政府将现有的金融纠纷调解机构进行整合，通过行政机关强力推行FOS纠纷解决机制，逐渐建立中立、公平的FOS纠纷解决平台。能够实行FOS纠纷解决的组织或机构应为行业型FOS，通过政府监管机构指定诸如消协等社会组织进行调解，或基于申请，由政府监管机构指定符合条件的金融机构负责调解，并同时设立相应的监督机构。

另一方面，在调解的程序设计上，参考英国FOS制度，吸纳一系列对投资者有利的倾向性保护措施。首先，投资者有启动程序的处分权利；其次调解为FOS前置程序；第三，提供的服务免费；最后，FOS的裁定对金融机构有单边约束力，且具有强制执行力。这样，投资者可以依据裁定申请强制执行，且政府监管部门也有权采取措施保障裁定的执行。由此一来，调解的原有病症就会被消弭。当然，不积跬步无以至千里，FOS制度的导入不可盲从，需循序渐进，由政府推动，逐渐由分业型向统一综合型发展。

最后，健全金融仲裁制度。仲裁具有简便、高效和保密等特点，是分解诉累的准司法活动。针对仲裁存在的问题，建议采取以下措施：

一是，通过加大仲裁宣传，让人们了解和接受仲裁，也让金融机构与投资者最初能选择仲裁方式解决纠纷。人们不采取仲裁手段解决纠纷，很大程度上是因为对仲裁制度缺乏认识。加强仲裁制度的普及，一方面，通过法治教育指导投资者如何维权。在多种救济途径中，让投资者能够了解各种救济方式的经济成本与时间消耗，进而理性选出救济手段，提高投资者维权效率。另一方面，在金融机构与投资者最初选择如何解决纠纷时，推荐性适用仲裁救济。金融机构向投资者提供金融产品和服务时，多采用大量格式合同。仲裁纠纷解决方式可以作为投资者自由勾选项的维权途径写入合同中。在金融机构与投资者签订合同前，双方可充分协商，鼓励投资者采取仲裁救济的方式对未来可能发生的风险进行防控。

二是，合理设置仲裁机构。我国现已建立的金融仲裁院数量有限，无法满足投资者通过仲裁维权救济的需求。因此，我们可以在金融市场相对发达或金融纠纷频发的地区建立金融仲裁机构。在经济相对落后或金融市场不够繁荣的中小城市里可考虑设立小额仲裁庭或设立金融仲裁员作为当地金融仲裁机构的延伸，处理金融纠纷。这样既可以精简机构，又方便了投资者，同时扩大仲裁的适用范围，分解诉讼压力，可谓一举多得。

三是，加强仲裁机构与法院的协调。我国仲裁机构无权擅自保全财产和强制执行的权力。在纠纷解决中，仲裁裁定的落实往往要受制于法院的态度。因此，为了保障仲裁裁定的实现，仲裁机构应及时积极与法院沟通。我国仲裁机构行政化色彩较浓，缺乏独立性，所以还需同时加强司法对仲裁机构的监督，保障仲裁裁决的专业、中立和公平。

总之，因金融机构违反投资者适当性义务而引发的纠纷因其专业性、涉及投资者的广泛性等特点，一直是以传统民商事纠纷为主的司法领域的难题。大量投资者的诉求、投资纠纷亟需有效途径解决，与司法机关办理此类案件存在的专业知识不足和司法资源有限之间的矛盾长期存在。因此，此类纠纷解决的最佳路径应当是非诉讼纠纷解决机制，如金融机构与投资者自行解决或者通过专门的纠纷解决机构解决（这些纠纷解决方式具有低成本、专业性、高效率等优势）。司法介入可成为投资者的最后选择。

参考文献

（一）中文类

1. 连续出版物

［1］陈洁：《证券公司违反投资者适当性原则的民事责任》，《证券市场导报》，2012（2）。

［2］陈志武：《美国证券法上的 10b—5 规则》，《法律适用》，2007（11）。

［3］陈丽萍，黄川：《论先契约义务》，《中国法学》，1997（4）。

［4］陈岚，谢林，李昭华译：《全美证券交易商协会关于审核创新产品的最佳实践指引》，《证券市场导报》，2012（11）。

［5］陈煜：《证券信息与信赖推定》，《云南大学学报》，2012（2）。

［6］程信和、张双梅：《金融监管权法理探究——由金融危机引发的思考》，《江西社会科学》，2009（3）。

［7］杜怡静：《日本金融商品交易法中关于金融业者行为规范》，《台北大学法学论丛》，2007（12）。

［8］杜怡静：《金融商品交易上关于说明义务之理论与实物上之运用—对连动债纠纷之反思》，《月旦民商法杂志》，2009（12）。

［9］杜怡静：《论金融业者行销行为之法律规范——以日本商品贩卖法中关于"说明义务"及"适合性原则"为参考素材》，《台北大学法学论丛》，2005（57）。

[10] 杜晶：《"金融消费者"的界定及与金融投资者的关系》，《中国青年政治学院学报》，2013（4）。

[11] 董新义：《论韩国违反金融适合性原则的民事责任》，《证券市场导报 2012（1）。

[12] 范永龙：《试论金融衍生品交易中投资者适当性制度》，《黑龙江省政法管理干部学院学报》，2010（5）。

[13] 范军：《论先合同义务与相关合同义务之关系》，《复旦学学报（社会科学版）》，2006（1）。

[14] 冯果：《自治：商会法律制度的灵魂》，《国家检察官学院学报》，2008（6）。

[15] 冯果，袁康：《从法律赋能到金融公平收入分配调整与市场深化下金融法的新进路》，《法学评论》，2012（4）。

[16] 方亮：《金新乳品信托引爆信托兑付危机》，《瞭望东方周刊，2004（7）。

[17] 郭东：《东京创业板"特定投资者"准入制度及其启示》，《证券市场导报》，2010（6）。

[18] 郭丹：《金融消费者之法律界定》，《学术交流》，2008（2）。

[19] 高帆：《交易效率的测度及其跨国比较：一个指标体系》，《财贸经济》，2007（5）

[20] 郭道晖：《权力的特性及其要义》，《山东科技大学学报（社会科学版）》，2006（6）。

[21] 郭道晖：《社会权力：法治新模式与新动力》，《学习与探索》，2009（5）。

[22] 胡伟：《投资者适当性制度民事责任探析》，《广西社会科学》，2013（2）。

[23] 何颖：《日本金融制度改革的新趋势：加强金融消费者立法保护》，《上海法学研究》，2010（3）

[24] 何艳春：《证券公司融资融券业务债权担保的法律分析》，《证券市场导报》，2008（9）。

[25] 黄江东：《融资融券法律关系及其二元结构分析》，《金融法制》，2012（9）。

[26] 贾纬，苑多然：《融资融券交易中的法律关系》，《人民司法》，2007（6）。

[27] 姜淑明：《先合同义务及违反先合同义务之责任形态研究》，《法商研究》，2000（2）。

[28] 孔祥俊，杨丽：《侵权责任要件研究》，《政法论坛》，1993（1）。

[29] 蔺捷：《论欧盟投资者适当性制度》，《法学评论》，2013（1）。

[30] 鲁东升，杜惟毅，张永开：《股指期货创新中的投资者保护探讨》，《证券市场导报》，2010（11）。

[31] 李红权，陈攀：《金融危机反思及金融产品消费者保护》，《财经科学》，2012（1）。

[32] 李林：《论我国融资融券业务发展历程及重要意义》，《现代商贸工业》，2010（5）。

[33] 刘鹏：《金融消费权益保护：危机后行为监管的发展与加强》，《上海金融》，2014（4）。

[34] 马江河，马志刚：《美国SEC行政执法机制研究》，《证券市场导报》，2005（10）。

[35] 齐萌：《香港金融纠纷调解机制及其对大陆的启示》，《亚太经济》，2013（2）。

[36] 尚福林：《把握好金融创新与金融稳定的平衡》，《求是》，2014（8）。

[37] 孙当如：《金融消费者概念在我国提出的适宜性分析》，《湖北警官学院学报》，2013（3）。

[38] 盛焕炜，朱川：《证券虚假陈述民事赔偿因果关系论》，《人民司法》，2002（11）。

[39] 唐波，王伟：《证券交易合适性原则探讨》，《公司法律评论》，2010（00）。

[40] 谭建国：《金融产品虚拟度的模糊综合评判研究》，《商业研究》，2004（8）。

[41] 汤欣：《美国证券法上针对虚假陈述的民事赔偿机制——兼论一般性反欺诈条款制度的确立》，《证券法苑》，2013（1）。

[42] 王敏：《证券推荐的适合性义务——从职业道德到法律责任》，《环球法律评论》，2010（6）。

[43] 王锐：《个人理财案件中的商业银行适当性义务研究》，《人民司法》，2013（11）。

[44] 王辉：《金融创新、复杂性与金融市场不稳定》，《现代管理科学》，

2012（3）。

[45] 王振栋：《论金融消费者与投资者的识别标准》，《上海金融》，2011（6）。

[46] 王继远：《商事组织中信义义务的源流及其嬗变》，《甘肃社会科学》，2010（4）。

[47] 王学春，李继武：《浅析证券交易行纪法律关系》，《经济改革》，2009（3）。

[48] 魏静：《商会自治权性质探析》，《法学评论》，2008（2）。

[49] 武俊桥：《证券市场投资者适当性原则初探》，张育军，徐明主编：《证券法苑（第三卷）》，北京，《法律出版社》，2010。

[50] 武建强：《对委托代理理论中保险营销员激励监督机制的思考》，《上海保险》，2007（3）。

[51] 夏峰，谢咏生，张霖，贺为民，涂健，阳晓辉：《创业板投资者整体情况及交易行为特征分析》，《证券市场导报》，2009（11）。

[52] 徐海燕：《论证券公司在从事经纪业务时与投资者之间的代理关系》，《法学杂志》，2008（4）。

[53] 徐兆宏：《论证券公司与投资者之间的法律关系》，《上海财经大学学报》，2002（5）。

[54] 熊进光：《论金融商品销售的适合性原则——美、日金融产品销售行为规范的经验与启示》，《甘肃社会科学》，2013（3）。

[55] 颜延，倪刚：《投资者保护与金融机构的适当性义务——以金融衍生产品销售为例》，《学海》，2013（3）。

[56] 杨巍，刘正瑶：《我国证券端点市场投资人分类管理制度研究——以商主体法定为视角》，《投资研究》，2011（6）。

[57] 杨东：《论金融消费者概念界定》，《法学家》，2014（5）。

[58] 杨慧：《金融全球化下金融市场运营监管制度探析》，《西南金融》，2007（5）。

[59] 杨峰：《中美证券侵权民事责任因果关系比较研究》，《中国社会科学院研究生院学报》，2007（2）。

[60] 于学伟，刘鑫：《我国金融消费者法律界定的国外立法借鉴》，《中国外资》，2011（1）。

[61] 于春敏：《金融消费者的法律界定》，《上海财经大学学报》，2010（4）。

[62] 张付标，李玫：《论证券投资者适当性的法律性质》，《法学》，2013（10）。

[63] 赵晓钧：《欧盟〈金融工具市场指令〉中的投资者适当性》，《证券市场导报》，2011（6）。

[64] 赵晓钧：《中国资本市场投资者适当性规则的完善——兼论〈证券法〉中投资者适当性规则的构建》，《证券市场导报》，2012（2）。

[65] 张宁：《试论金融产品的质量》，《中国质量》，1999（6）。

[66] 张璐：《刍议个人金融服务的消费者权益保护》，《甘肃行政学院学报》，2004（2）。

[67] 张力毅：《创业板：十年铸就》，《宁波经济》，2009（8）。

[68] 张霖：《创业板开板一周年运行情况统计分析》，《证券市场导报》，2010（12）。

[69] 张悦，陈小宝：《融资融券交易法律关系分析》，《金融与经济》，2012（7）。

[70] 张敏捷：《投资者适当性原则研究》，《理论与改革》，2013（5）。

[71] 周浩昊：《金融消费者概念辨析学》，《东方企业文化》，2010（4）。

[72] 周友苏，罗华兰：《论证券民事责任》，《中国法学》，2000（4）。

[73] 庄玉友：《日本金融商品交易法述评》，《证券市场导报》，2008（5）。

[74] 周安平：《社会自治与国家公权》，《法学》，2002（10）。

[75] 朱小川：《发达市场金融商品合格投资者制度述评》，《证券市场导报》，2010（9）。

[76] 朱岩：《违反保护他人法律的过错责任》，《法学研究》，2011（2）。

[77] 翟艳：《证券市场投资者分类制度研究》，《湖南社会科学》，2013（10）。

[78] 翟艳：《我国投资者适当性义务法制化研究》，《政治与法律》，2015（9）。

[79] 中国人民银行，银监会，证监会，保监会联合调研组：《英国金融申诉专员制度》，《中国金融》，2014（4）。

[80] 中国人民银行驻美洲代表处：《美国次贷风暴中评级机构的问题和启示》，《中国金融》，2007（19）。

2.著作类（含译著）：

[1]〔美〕伯纳德.施瓦茨著，徐炳译：《行政法》，北京，群众出版社，1986年版。

[2] 陈学荣：《中国证券经纪制度》，北京，企业管理出版社，1998年版。

[3] 程啸：《侵权责任法》，北京，法律出版社，2011年版。

[4] 范健，王建文：《证券法》，北京，法律出版社，2007年版。

[5] 郭道晖：《法理学精义》，长沙，湖南人民出版社，2005年版。

[6] 郭峰：《全球化时代的金融监管与证券法治》，北京，知识产权出版社，2010年版。

[7] 郭锋：《中国资本市场重大法律问题研究——以投资者权益为中心》，北京，法律出版社，2008年版。

[8] 高富民：《民法学》，北京，法律出版社，2005年版。

[9] 黄达：《金融学》，北京，中国人民大学出版社，2003年版。

[10] 韩松：《证券法学》，北京，中国经济出版社，1995年版。

[11] 胡长清：《中国民法债编总论》，北京，中国政法大学出版社，1997年版。

[12] 李国光主编：《合同法解释与适用》，北京，新华出版社，1999年版。

[13] 林国全：《证券交易法研究》，北京，中国政法大学出版社，2002年版。

[14] 马其家：《美国证券纠纷仲裁法律制度研究》，北京，北京大学出版社，2006年版。

[15] 潘金生主编：《中外证券法规资料汇编》，北京，中国金融出版社，1993年版。

[16] 潘志斌：《金融市场风险度量》，上海，上海社会科学院出版社，2008年版。

[17] 漆多俊著：《经济法基础理论》，北京，法律出版社，2009年版。

[18] 史尚宽著：《债法总论》，北京，中国政法大学出版社，2000年版。

[19] 王泽鉴：《法学说与判例研究（一）》，北京，中国政法大学出版社，1998年版。

[20] 王泽鉴著：《侵权行为》，北京，北京大学出版社，2009年版。

[21] 王利明：《侵权责任法研究》，北京，中国人民人学出版社，2010年版。

［22］王家福：《中国民法学·民法债权》，北京，法律出版社，1991年版。

［23］王宗润：金融产品创新的路径分析》，长沙，湖南人民出版社，2008年版。

［24］王文宇主编：《金融法》，台湾，元照出版有限公司，2008年版。

［25］吴弘：《中国证券市场发展的法律调控》，北京，法律出版社，2001年版。

［26］杨立新：《侵权法论》，吉林，吉林人民出版社，2000年版。

［27］杨小凯，张永生著：《新兴古典经济学与超边际分析》，北京，社会科学文献出版社，2003年版。

［28］于莹：《证券法中的民事责任》，北京，中国法制出版社，2004年版。

［29］〔美〕约翰·罗尔斯著，何怀宏等译：《正义论》，北京，中国社会科学出版社，1998年版。

［30］约瑟夫·熊彼特：《经济发展理论》，北京，北京出版社，2008年版。

［31］伊志宏：《消费经济学》，北京，中国人民大学出版社，2000年版。

［32］张新宝：《中国侵权行为法（第二版）》，北京，中国社会科学出版社，1998年版。

［33］张海棠：《证券期货纠纷》，北京，法律出版社，2010年版。

［34］〔美〕詹姆斯·科尔曼著，邓方译：《社会理论的基础注册》，北京，中国社会科学文献出版社，1999年版。

［35］曾世雄：《损害赔偿法原理》，北京，中国政法大学出版社，2001年版。

3.学位论文

［1］胡梅：《基于行为金融理论之我国个体投资者投资行为研究》，大连：东北财经大学，2007年版。

［2］韩祥波：《金融产品销售的适当性法律问题研究》，北京：中国政法大学，2011年版。

［3］刘玉强：《地方政府金融监管绩效的评估与改善研究》，湘潭：湘潭大学，2011年版。

［4］鲁篱：《行业协会经济自治权研究》，重庆：西南政法大学，2002年版。

［5］朴真龙：《韩国资本市场统合法投资者保护法律制度研究》，复旦大学，2010 年版。

［6］向锐：《中国证券市场投资者行为研究》，西南财经大学，2006 年版。

［7］于海纯：《保险人缔约说明义务制度研究》，中国政法大学，2007 年版。

［8］张付标：《证券投资者适当性义务制度研究》，对外经贸大学，2014 年版。

［9］赵红军：《交易效率、城市化与经济发展——一个城市化经济学分析框架及其在中国的应用》，复旦大学，2005 年版。

4.电子文献

［1］上海证券交易所 2014 年年鉴［EB/OL］.上海证交所网站，［2015-3-10］.http：//www.sse.com.cn/researchpublications/publication/yearly/.

［2］关于销售复杂金融产品的适当性要求［EB/OL］.中国证券投资基金业协会网站，［2015-4-17］.http：//www.amac.org.cn/upload/qqsy/gjg/17305.pdf.

［3］格雷姆-里奇-比利雷法（Gramm-Leach-Bliley Act）［EB/OL］.康奈尔法学院网站，［2015-5-11］.https：//www.law.cornell.edu/uscode/text/6809.

［4］Customer suitability in the retail sale of financial products and services ［EB/OL］.国际清算银行网站，［2014-11-17］.http：//www.bis.org/publ/joint20.htm.

［5］Definitions and terms used in Regulation D of the Securities Act of 1933 ［EB/OL］.美国政府出版局网站，［2015-1-18］.http：//www.ecfr.gov/cgi-bin/17y3.0.146.176.

［6］《私募股权众筹融资管理办法（试行）（征求意见稿）》［EB/OL］.中国证券业协会网站，［2015-5-27］.http：//www.sac.net.cn/tzgg/t20141218_113326.html.

［7］肖钢在证监会加强中小投资者保护工作会议上讲话［EB/OL］.中国证会网站，［2015-5-20］.http：//www.csrc.gov.cn/pub/henan/xxfw/gfxwj/.htm.

［8］NYSE Rule405（1）［EB/OL］.纽约证券交易所网站，［2015-4-17］.http：//nyserules.nyse.com/NYSETools/PlatformViewer.asp?searched=1&selected-node=chp%5F1%5F5%5F7%5F6&CiRestriction=405&manual=%2Fnyse%2Frules%2Fnyse%2Drules%2F.

［9］A Resolution on International Conduct Of Business Principles Passed by the Presidents´ Committee November 1990［EB/OL］.国际证监会网站,［2015-4-17］.http：//www.iosco.org/library/resolutions/pdf/IOSCORES4.pdf.

［10］英国《商业行为准则》COBS 2 Conduct of business obligations［EB/OL］.英国金融行为监管局网站,［2015-3-26］.http：//fshandbook.info/handbook/COBS/2.

［11］《有关从事财务策划及财富管理业务的持牌及注册人士为客户提供合理适当建议的责任的（常见问题）》［EB/OL］.香港证券及期货事务监察委员会网站,［2015-2-17］.http：//www.sfc.hk/web/TC/faqs/suitability-obligations-/.html#2.

［12］Notice 03-71：NASD Reminds Members of Obligations When Selling Non-Conventional Investments［EB/OL］.美国金融业监管局网站,［2015-1-19］.http：//finra.complinet.com/en/display/display.html?rbid=2403&record_id=2941&element_id=2700&highlight=03-71#r2941.

［13］Michael Chamberlain, Suitability or Fiduciary Standard?–It´s a Big Deal Ryan C.FuhrmannChoosing A Financial Advisor：Suitability Vs.Fiduciary Standards［EB/OL］.［2015-1-19］.http：//www.investopedia.com/articles/professionaleducation/11/suitability-fiduciary-standards.asp#ixzz3jhvJkllZ.

［14］SEC 对 Best Execution 的解释［EB/OL］.美国证券交易委员会网站,［2015-2-17］.http：//www.sec.gov/answers/bestex.htm.

［15］15 U.S.Code § 78j-Manipulative and deceptive devices［EB/OL］.康奈尔法学院网站,［2015-5-9］.https：//www.law.cornell.edu/uscode/text/15/78j.

［16］期货公司过失补偿责任.判例时报 1745 号 110 页［EB/OL］,［2015-5-27］.http：//www.kokusen.go.jp/hanrei/data/200305.html.

［17］中国证券登记结算有限责任公司针对我国资本市场处于新兴市场何种阶段的研究成果［EB/OL］.MBA 智库,［2015-5-28］.http：//doc.mbalib.com/view/a4133c35d3555b2ebc071428cde973d9.html.

［18］深交所《2011 年个人投资者状况调查报告》摘要［EB/OL］.上海证券报, 2012-3-14［2015-4-13］.http：//csr.stcn.com/content_5025206.htm.

［19］银行涉嫌销售误导 消费者维权费尽周折［EB/OL］.中国商网,［2015-4-17］.http：//www.zgswcn.com/2014/0129/319468.shtml.

［20］系统梳理 深入调研——重庆证监局着力做好投资者适当性制度评估工作［EB/OL］.中国证券监督管理委员会网站,［2015-5-10］.http：//www.

csrc.gov.cn/pub/chongqing/gzdt/201404/t20140410_246764.htm

[21] 银监会：未登记的理财产品不得销售［EB/OL］.财新网，［2015-5-23］.http：//finance.caixin.com/2014-04-03/100660991.html.

[22] 违反投资者适当性制度 两家期货公司受中金所处罚［EB/OL］.经济观察网，［2015-6-1］.http：//www.eeo.com.cn/2013/0913/249732.shtml.

[23] 中行北分双录项目顺利竣工［EB/OL］.第一网贷网，［2015-7-17］.http：//www.p2p001.com/News/shownews/id/13898.html.

[24] 华宝证券发布《中国金融产品年度报告（2015）》［EB/OL］.新浪财经网，［2015-7-17］.http：//finance.sina.com.cn/money/bank/20150317/174421742002.shtml.

5. 报纸文章

[1] 黄江洁：《理财产品风险等级犹如雾里看花》，《广州日报》，2014-9-11（10）。

[2] 侯外林：《广东证监局不断强化中小投资者合法权益保护工作》，《中国证券报》，2013-12-31。

[3] 《期货法已经在立法阶段》，《期货日报》，2014-11-13。

[4] 孙曼：《匹配原则成摆设 谁为银行理财产品风险买单》，《证券日报》，2013-8-6（7）。

[5] 陕西证监局：《保障投资者知情权 确保不被欺诈》，《证券时报》，2014-1-1。

[6] 余萍丽：《银监会整顿理财产品——新规要求理财产品要公示投资对象，对资金池进行监管清理》，《钱江晚报》，2013-3-29。

[7] 《银监会将专项检查银行理财业务》，《北京商报》，2014-10-17。

6.国内案例审判文书

[1]（2009）沪二中民三（商）终字第428号终审民事判决。

[2]（2012）成民终字第5824号终审民事判决。

[3]（2012）沪一中民六（商）终字第164号终审民事判决。

（二）外文类参考文献

1.论文和著作类

［1］ Blair H. "Wallace, A Proposal to refine the suitability standard by quantifying recommendation risk and client appropriate risk levels". *Financial & Commercial Law*, 1 Brook.J.Corp.Fin.& Com.L.2006.

［2］ Barbara Black & Jill.Gross, "Making it up as They go along: The role of law in securities arbitration", *Cardozo Law Review*, 2002（23）.

［3］ Bryan A.Garner, *Black's law dictionary*.West Publishing.Co., 2014.

［4］ Deborah A.DeMott & Beyond Metaphor, "*An Analysis of Fiduciary Obligation*", Duke L.J.1988.

［5］ Joseph A.Grandest, "The Future of United States Securities Regulation: An Essay on Regulation in an Age of Technological Uncertainty", St. *John's Law Review*, 2001（4）.

［6］ Joseph A. Grundfest, *Just Vote No*: "Strategies for Dealing with Barbarians Inside the Gates", 45 Stanford L.Rev.1993.

［7］ Louis Loss, Makoto Yazawa & Marbara Ann Banff, "*Japanese Securities Regulation*", University of Tokyo Press, Little Brown And Company, 2001.

［8］ DS Henkel, "Civil liability under the federal securities laws", *Business Lawyer* 1966（22）.

［9］ Lewis D.Lowenfels & Alan R.Bromberg, "Suitability in Securities Transactions", *Business Law*.Vol.54, No.4, 1999.

［10］ Loss & Seligman, "Fundamentals of Securities Regulation", *Aspen Law&Business*.2004.

［11］ Louis Loss, *The SEC and the Broker-Dealer*.Vander bilt Law Review, 1948（1）.

［12］ M.C.Jensen, *Theory of the Firm*: "*Managerial Behavior, Agency Costs and Ownership Structure*", Journal of Financial Economics, No.4, 1976.

［13］ Norman S.Poser, "*Liability of Broker-Dealers for Unsuitable Recommendation to Institutional Investors*".Brigham Young University Law Review, 2001.

[14] P.G.Gebhard, "Developer Of the Term Informed Consent". *New York Times*. Retrieved 5, 2014.

[15] Poser N.S, "Liability of broker-dealers for unsuitable recommendations of institutional investors".*Brigham Young University Law Review*, 2001 (4), 1493-1571.

[16] Paul J.Bolster, Vahan Janjigian&EmeryA.Trahan, "Determining Investor Suitability Using the Analytic Hierarchy Process", *Financial Analysts Journal*, Volume 51 Issue 4.1995.

[17] Roberta S.Karmel, "Is the Shingle Theory Dead?", *Washington and Lee Law Review*, Volume 52.1995.

[18] Robert H.Mundheim, "Professional Responsibilities of Broker-Dealers: The Suitability Doctrine", Duke Law Journal, 1965 (3).

[19] Sam Scott Miller&Robert D. Popper, "Discount Brokers' obligations under the "suitability" Doctrine", No.11 *Insights*7. (Nov.1991).

[20] 宫下修一：说明义务与违反适当性原则, 潮见佳男·片木晴彦编《民商法》[M].东京, 日本评论社.2013.

2.国外案例：

[1] Brown v.E.F.Hutton Grp., Inc.991 F.2d 1020 (2d Cir.1993).

[2] Clark v.John Lamula Investor, Inc., 583 F.2d 597, 599 (2d Cir.1978).

[3] Charles Hughes & Co.v.SEC, 139 F.2d 434 (2d Cir.1943).

[4] Herman & Maclean v.Huddleston, 459 U.S.375, 388-389 (1983).

[5] Kardon v.National Gypsum Co.69 F.Supp.512, 514 (E.D.Pa.1946).

[6] Leib v.Merrill Lynch, Pierce, Fenner & Smith, Inc., 461 F.Supp.951, 953-954 (E.D.Mich.1978), aff'd, 647 F.2d 165 (6th Cir.1981).

[7] O'Connor v.R.F.Lafferty & Co., 965 F.2d 893 (10th Cir.1992).

[8] Platsis v.E.F.Hutton & Co., 946 F.2d 38, 40 (6th Cir.1991).

[9] Peterzell v. Charles Schwab & Co., NASD No. 88-02868, 1991, WL202358.

[10] Rodriquez de Quijas v. Shearson/Am. Express Inc., 490 U.S.477, 482-84 (1989).

[11] Shearson/Am.Express Inc.v.McMahon, 482 U.S.220, 234-40 (1987).

3.相关法规:

[1] NASD Rules2310.Recommendations to Customers (Suitability)

(a) In recommending to a customer the purchase, sale or exchange of any security, a member shall have reasonable grounds for believing that the recommendation is suitable for such customer upon the basis of the facts, if any, disclosed by such customer as to his other security holdings and as to his financial situation and needs.

(b) Prior to the execution of a transaction recommended to a non-institutional customer, other than transactions with customers where investments are limited to money market mutual funds, a member shall make reasonable efforts to obtain information concerning:

(1) the customer's financial status;

(2) the customer's tax status;

(3) the customer's investment objectives; and

(4) such other information used or considered to be reasonable by such member or registered representative in making recommendations to the customer.

(c) For purposes of this Rule, the term " non-institutional customer" shall mean a customer that does not qualify as an " institutional account" underRule 3110 (c) (4).

This rule is no longer applicable.NASD Rule 2310 has been superseded by FINRA Rule 2111.Please consult the appropriate FINRA Rule.

[2] FINRA Rule 2111.Suitability

(a) A member or an associated person must have a reasonable basis to believe that a recommended transaction or investment strategy involving a security or securities is suitable for the customer, based on the information obtained through the reasonable diligence of the member or associated person to ascertain the customer's investment profile.A customer's investment profile includes, but is not limited to, the customer's age, other investments, financial situation and needs, tax status, investment objectives, investment experience, investment time horizon, liquidity needs, risk tolerance, and any other information the customer may disclose to the member or associated person in connection with such recommendation.

(b) A member or associated person fulfills the customer-specific suitability obligation for an institutional account, as defined inRule 4512 (c), if (1) the member or associated person has a reasonable basis to believe that the institutional customer is capable of evaluating investment risks independently, both in general and with regard to particular transactions and investment strategies involving a security or securities and (2) the institutional customer affirmatively indicates that it is exercising independent judgment in evaluating the member's or associated person's recommendations. Where an institutional customer has delegated decisionmaking authority to an agent, such as an investment adviser or a bank trust department, these factors shall be applied to the agent.

Supplementary Material:

.01 General Principles. Implicit in all member and associated person relationships with customers and others is the fundamental responsibility for fair dealing. Sales efforts must therefore be undertaken only on a basis that can be judged as being within the ethical standards of FINRA rules, with particular emphasis on the requirement to deal fairly with the public. The suitability rule is fundamental to fair dealing and is intended to promote ethical sales practices and high standards of professional conduct.

.02 Disclaimers. A member or associated person cannot disclaim any responsibilities under the suitability rule.

.03 Recommended Strategies. The phrase " investment strategy involving a security or securities" used in this Rule is to be interpreted broadly and would include, among other things, an explicit recommendation to hold a security or securities. However, the following communications are excluded from the coverage of Rule 2111 as long as they do not include (standing alone or in combination with other communications) a recommendation of a particular security or securities:

(a) General financial and investment information, including (i) basic investment concepts, such as risk and return, diversification, dollar cost averaging, compounded return, and tax deferred investment, (ii) historic differences in the return of asset classes (e.g., equities, bonds, or cash) based on standard market indices, (iii) effects of inflation, (iv) estimates of future retirement income needs, and (v) assessment of a customer's investment profile;

(b) Descriptive information about an employer-sponsored retirement or benefit plan, participation in the plan, the benefits of plan participation, and the investment options available under the plan;

(c) Asset allocation models that are (i) based on generally accepted investment theory, (ii) accompanied by disclosures of all material facts and assumptions that may affect a reasonable investor's assessment of the asset allocation model or any report generated by such model, and (iii) in compliance with Rule 2214 (Requirements for the Use of Investment Analysis Tools) if the asset allocation model is an " investment analysis tool" covered by Rule 2214; and

(d) Interactive investment materials that incorporate the above.

.04 **Customer's Investment Profile.** A member or associated person shall make a recommendation covered by this Rule only if, among other things, the member or associated person has sufficient information about the customer to have a reasonable basis to believe that the recommendation is suitable for that customer. The factors delineated in Rule 2111 (a) regarding a customer's investment profile generally are relevant to a determination regarding whether a recommendation is suitable for a particular customer, although the level of importance of each factor may vary depending on the facts and circumstances of the particular case. A member or associated person shall use reasonable diligence to obtain and analyze all of the factors delineated in Rule 2111 (a) unless the member or associated person has a reasonable basis to believe, documented with specificity, that one or more of the factors are not relevant components of a customer's investment profile in light of the facts and circumstances of the particular case.

.05 **Components of Suitability Obligations.** Rule 2111 is composed of three main obligations: reasonable-basis suitability, customer-specific suitability, and quantitative suitability.

(a) The reasonable-basis obligation requires a member or associated person to have a reasonable basis to believe, based on reasonable diligence, that the recommendation is suitable for at least *some* investors. In general, what constitutes reasonable diligence will vary depending on, among other things, the complexity of and risks associated with the security or investment strategy and the member's or associated person's familiarity with the security or investment strategy. A member's or associated person's reasonable diligence must provide the member or associated person with an understanding of the potential risks and rewards associated with the recommended security or strategy. The lack of such an understanding when recommending a security or strategy violates the suitability rule.

(b) The customer-specific obligation requires that a member or associated person have a reasonable basis to believe that the recommendation is suitable for a particular customer based on that customer's investment profile, as delineated in Rule 2111 (a).

(c) Quantitative suitability requires a member or associated person who has actual or de facto control over a customer account to have a reasonable basis for believing that a series of recommended transactions, even if suitable when viewed in isolation, are not excessive and unsuitable for the customer when taken together in light of the customer's investment profile, as delineated in Rule 2111 (a). No single test defines excessive activity, but factors such as the turnover rate, the cost-equity ratio, and the use of in-and-out trading in a customer's account may provide a basis for a finding that a member or associated person has violated the quantitative suitability obligation.

.06 Customer's Financial Ability. Rule 2111 prohibits a member or associated person from recommending a transaction or investment strategy involving a security or securities or the continuing purchase of a security or securities or use of an investment strategy involving a security or securities unless the member or associated person has a reasonable basis to believe that the customer has the financial ability to meet such a commitment.

.07 Institutional Investor Exemption. Rule 2111 (b) provides an exemption to customer-specific suitability regarding institutional investors if the conditions delineated in that paragraph are satisfied. With respect to having to indicate affirmatively that it is exercising independent judgment in evaluating the member's or associated person's recommendations, an institutional customer may indicate that it is exercising independent judgment on a trade-by-trade basis, on an asset-class-by-asset-class basis, or in terms of all potential transactions for its account.

[3] **FINRA Rule 2090**: Every member shall use reasonable diligence, in regard to the opening and maintenance of every account, to know (and retain) the essential facts concerning every customer and concerning the authority of each person acting on behalf of such customer.

Supplementary Material:

.01 Essential Facts. For purposes of this Rule, facts "essential" to "knowing the customer" are those required to (a) effectively service the customer's account, (b) act in accordance with any special handling instructions for the account, (c) understand the authority of each person acting on behalf of the customer, and (d) comply with applicable laws, regulations, and rules.

[4] 金融商品取引法（昭和23年法律第25号）（抄）
（適合性の原則等）
第四十条　金融商品取引業者等は、業務の運営の状況が次の各号のいずれかに該当することのないように、その業務を行わなければならない。
　一　（略）
　二　前号に掲げるもののほか、業務に関して取得した顧客に関する情報の適正な取扱いを確保するための措置を講じていないと認められる状況、その他業務の運営の状況が公益に反し、又は投資者の保護に支障を生ずるおそれがあるものとして内閣府令で定める状況にあること。
（分別管理）
第四十三条の二（略）
　金融商品取引業者等は、次に掲げる金銭又は有価証券について、当該金融商品取引業者等が金融商品取引業（登録金融機関業務を含む。以下この項において同じ。）を廃止した場合その他金融商品取引業を行わないこととなつた場合に顧客に返還すべき額として内閣府令で定めるところにより算定したものに相当する金銭を、自己の固有財産と分別して管理し、内閣府令で定めるところにより、当該金融商品取引業者等が金融商品取引業を廃止した場合その他金融商品取引業を行わないこととなつた場合に顧客に返還すべき額に相当する金銭を管理することを目的として、国内において、信託会社等に信託をしなければならない。
　一（略）
　二　対象有価証券関連取引に関し、顧客の計算に属する金銭又は金融商品取引業者等が顧客から預託を受けた金銭（前号に掲げる金銭を除く。）

三（略）

金融商品取引業等に関する内閣府令（平成 19 年内閣府令第 52 号）（抄）

（業務の運営の状況が公益に反し又は投資者の保護に支障を生ずるおそれがあるもの）

第百二十三条法第四十条第二号に規定する内閣府令で定める状況は、次に掲げる状況とする。

一～七（略）

八顧客の有価証券の売買その他の取引等に関し、受渡状況その他の顧客に必要な情報を適切に通知していないと認められる状況

[5] Financial Advisers Regulations

Interest in securities

4. (1) Subject to this section, a person has an interest in securities if he has authority (whether formal or informal, or express or implied) to dispose of, or to exercise control over the disposal of, those securities.

(2) For the purposes of subsection (1), it is immaterial that the authority of a person to dispose of, or to exercise control over the disposal of, particular securities is or is capable of being made subject to restraint or restriction.

(3) Where any property held in trust consists of or includes securities and a person knows, or has reasonable grounds for believing, that he has an interest under the trust, he shall be deemed to have an interest in those securities.

(4) Where a corporation has, or is by the provisions of this section deemed to have, an interest in a security and —

(a) the corporation is, or its directors are, accustomed or under an obligation, whether formal or informal, to act in accordance with the directions, instructions or wishes of a person; or

(b) a person has a controlling interest in the corporation,

that person shall be deemed to have an interest in that security.

(5) Where a corporation has, or is by the provisions of this section (apart from this subsection) deemed to have, an interest in a security and —

(a) a person is;

(b) the associates of a person are; or

(c) a person and his associates are,

entitled to exercise or control the exercise of not less than 20% of the votes attached to the voting shares in the corporation, that person shall be deemed to have an interest in that security.

(6) For the purposes of subsection (5), a person is an associate of another person if the first-mentioned person is —

(a) a subsidiary of that other person;

(b) a person who is accustomed or is under an obligation whether formal or informal to act in accordance with the directions, instructions or wishes of that other person in relation to the security referred to in subsection (5); or

(c) a corporation that is, or a majority of the directors of which are, accustomed or under an obligation whether formal or informal to act in accordance with the directions, instructions or wishes of that other person in relation to that security. [Act 35 of 2014 wef 01/07/2015]

(7) A person shall be deemed to have an interest in a security in any one or more of the following circumstances:

(a) where he has entered into a contract to purchase a security;

(b) where he has a right, otherwise than by reason of having an interest under a trust, to have a security transferred to himself or to his order, whether the right is exercisable presently or in the future and whether on the fulfilment of a condition or not;

(c) where he has the right to acquire a security, or an interest in a security, under an option, whether the right is exercisable presently or in the future and whether on the fulfilment of a condition or not; or

(d) where he is entitled, otherwise than by reason of his having been appointed a proxy or representative to vote at a meeting of members of a corporation or of a class of its members, to exercise or control the exercise of a right attached to a security, not being a security of which he is the registered holder.

(8) A person shall be deemed to have an interest in a security if that security is held jointly with another person.

(9) For the purpose of determining whether a person has an interest in a security, it is immaterial that the interest cannot be related to a particular security.